# 青春期女孩呵护手册

邹雪 著

中国纺织出版社有限公司

## 内 容 提 要

青春期是每个女孩从儿童到成熟女人过渡的重要时期，此时的女孩无论是身体还是心理都在悄悄地发生着变化，这些变化会让女孩和家长们不知所措。本书是专为青春期女孩及其父母设计的一本呵护成长手册，涵盖了青春期女孩生理、心理、情感、学习、社交和日常生活的各个方面，通过设置"成长故事""成长指南""青春加油站"等不同环节，深入探讨青春期女孩在成长过程羞于向父母提及的私密话题、可能遇到的挑战和困惑，并提供有针对性的心理分析和应对办法。它不仅可以成为父母进行青春期教育的得力助手，也能成为青春期女孩自我认识和探索女性世界的"贴心伙伴"。

**图书在版编目（CIP）数据**

青春期女孩呵护手册 / 邹雪著. -- 北京 : 中国纺织出版社有限公司, 2025.2. --ISBN 978-7-5229-2308-6

Ⅰ．G479

中国国家版本馆CIP数据核字第2024985E3F号

责任编辑：郝珊珊　　责任校对：寇晨晨　　责任印制：储志伟

中国纺织出版社有限公司出版发行
地址：北京市朝阳区百子湾东里A407号楼　邮政编码：100124
销售电话：010—67004422　传真：010—87155801
http://www.c-textilep.com
中国纺织出版社天猫旗舰店
官方微博 http://weibo.com/2119887771
鸿博睿特（天津）印刷科技有限公司印刷　各地新华书店经销
2025年2月第1版第1次印刷
开本：710×1000　1/16　印张：13.5
字数：156千字　定价：49.80元

凡购本书，如有缺页、倒页、脱页，由本社图书营销中心调换

# 前 言

俗话说，女儿是父母的贴心小棉袄。确实，女孩与男孩在成长过程中有着不同的需求。男孩可能表现得更为粗犷，而女孩则需要更多的温柔关怀和细心保护。

随着女孩们步入青春期的门槛，她们将经历一系列显著的生理变化：胸部的逐渐隆起、月经的初次到来、偶尔出现的痘痘……这些生理上的变化虽然可能带来困惑，但它们并非女孩们所面临的唯一挑战。更深层次的迷茫来自如何与异性相处，是维持简单的友谊，还是探索更深层次的关系？她们也可能感受到父母过度的关心，有时这种关心几乎让她们感到窒息；同时，面对日益增长的学业压力和外界期望，她们也承受着不小的心理压力。

作为家长，我们可能已经注意到，那个曾经总是活泼好动、喜欢在父母怀中撒娇的小女孩，那个总是缠着妈妈讲故事、闹着要买零食和漂亮衣服，甚至为了一个小玩具和邻居小男孩争吵的小女孩，不知何时变得沉默寡言。她开始避开我们的视线，更喜欢独自一人待在房间里，静静地记录自己的思绪。我们对女儿的内心世界不再了如指掌，作为父母的我们感到迷茫和无助，心中充满了想对女儿说的话，却不知如何启齿。

我们的女儿正在逐渐成长，她在探索自己在这个广阔世界中的位置，渴望展现真正的自我，而我们的教育方式也需要随之调整，以适应她成长的需求。

如何与青春期孩子相处，是家长的必修课，也是一门深奥的学问。我们应当积极寻找方法，协助青春期女孩理性应对成长中的挑战。本书汇集了青春期女孩的众多成长困惑，涵盖了她们在生理、心理、学习、社交、恋爱和日常生活的各个方面，从心理学、教育学角度为女孩及其父母提供一些成长必知的常识。阅读它，父母可以帮助女孩更清晰地了解青春期的特点，从而帮助她们梳理心事，树立自尊、自爱、自立、自强的人生观；同时，父母还可以学习如何成为青春期女孩眼中的合格父母——学会如何避免与孩子产生冲突，如何激发她们对学习的热情、提高她们的学业成绩，如何与孩子建立更紧密的联系，以及如何预防她们在成长过程中可能遇到的各种风险等。

愿本书成为女孩们青春期的贴心向导和良师益友，同时也成为父母在引导和教育孩子旅程中的有力支持。通过这本书，父母能够更深入地洞察女儿的内心世界，与她共同面对成长中的困惑和挑战。愿它成为沟通的桥梁，帮助女孩们找到解决问题的路径，为她们的健康成长提供坚实的支撑和悉心的呵护。

邹雪<br>
2024年8月

# 目 录

## 1 第一章
### 青春蜕变：女孩身体变化的奥秘

- 01 天！胸部怎么变大了 …………………………………… 3
- 02 每个月的"那几天" …………………………………… 6
- 03 别跟青春痘过不去 …………………………………… 9
- 04 身上长毛毛了 …………………………………………… 12
- 05 内裤上怎么会有白白的东西 …………………………… 15
- 06 我的个子很矮吗 ………………………………………… 18

## 2 第二章
### 情窦初开：花季少女的情感困惑

- 07 异性交往就是恋爱吗 …………………………………… 23
- 08 那个男孩不一样 ………………………………………… 26
- 09 我好像喜欢上了男老师怎么办 ………………………… 29
- 10 理智对待早恋 …………………………………………… 32
- 11 不喜欢他该怎么拒绝 …………………………………… 36
- 12 失恋是会呼吸的痛 ……………………………………… 40

## 3 第三章
### 两性密码：女孩要了解性和性行为

- 13 什么是性和性行为 ……………………………………… 47
- 14 不要过早发生性行为 …………………………………… 50
- 15 怎么防止遭遇性骚扰 …………………………………… 53
- 16 艾滋病好恐怖 …………………………………………… 56

⑰ 有了性幻想，是不是就是个坏女孩…………… 60
⑱ 偷尝了"禁果"怎么办………………………… 63

# 4 第四章
## 亲子关系：和爸妈的日常相处

⑲ 不用你管，能不能别烦我……………………… 69
⑳ 不准偷看我的日记……………………………… 72
㉑ 爸爸和妈妈的战争……………………………… 75
㉒ 这个家我待不下去了…………………………… 78
㉓ 原来爸妈也会犯错……………………………… 82
㉔ 为什么爸妈说一句我能顶撞十句……………… 85

# 5 第五章
## 人际交往：女孩该了解一点交际学

㉕ 懂礼仪的女孩更有魅力………………………… 91
㉖ 形象得体很重要………………………………… 94
㉗ 在承担中变成熟………………………………… 98
㉘ 今天我想去朋友家住…………………………… 102
㉙ 不要用说别人坏话来交换友谊………………… 106
㉚ 我的好闺蜜跟别人交朋友了…………………… 109

# 6 第六章
## 文明上网：避免网络带来的健康风险

㉛ 妈，我想见一个网友…………………………… 115
㉜ 停不下来的游戏………………………………… 119
㉝ 糟糕，我上当了………………………………… 123

| | | |
|---|---|---|
| 34 | 远离黄毒，不让自己掉入深渊…………………… | 126 |
| 35 | 不做低头族……………………………………… | 129 |
| 36 | 朋友圈的这些"好处"可能是骗局……………… | 132 |

## 7 第七章
## 阳光心态：做个充满正能量的女孩

| | | |
|---|---|---|
| 37 | 为什么我总是郁郁寡欢………………………… | 137 |
| 38 | 我也想有班花的美貌…………………………… | 140 |
| 39 | 因为我是女孩子，所以………………………… | 144 |
| 40 | 我居然希望我的好朋友不如我………………… | 147 |
| 41 | 万一当众出丑，被人笑话怎么办……………… | 150 |
| 42 | 可以爱面子，但不能爱慕虚荣………………… | 153 |

## 8 第八章
## 健康安全：平安是最大的幸福

| | | |
|---|---|---|
| 43 | 减肥减肥，我要变美…………………………… | 159 |
| 44 | 谁都没有我酷，抽烟我在行…………………… | 162 |
| 45 | 好像有人跟踪我………………………………… | 165 |
| 46 | 校园欺凌，大胆说出来………………………… | 169 |
| 47 | 外出乘车要注意………………………………… | 173 |
| 48 | 正确应对陌生人的搭讪………………………… | 177 |

## 9 第九章
## 学海扬帆：为梦想插上翅膀

| | | |
|---|---|---|
| 49 | 学习学习，每天都要学习烦透了……………… | 183 |
| 50 | 学习到底是为了谁……………………………… | 187 |

- ㉛ 总是记不住知识点怎么办……………………… 190
- ㉜ 又考砸了怎么办………………………………… 194
- ㉝ 我就是不想上这位老师的课…………………… 198
- ㉞ 女孩如何学好理科科目………………………… 201

# 第一章

## 青春蜕变：
## 女孩身体变化的奥秘

# 天！胸部怎么变大了

小怡是初中二年级的学生，自从进入青春期，她发现自己的胸部开始发生变化，这让她感到非常恐慌和害怕，不知道该如何面对这一变化。小怡上网购买了一款束胸，希望通过这种方式让自己的胸部变得不那么明显，她甚至开始打扮成一个假小子。

妈妈很快就注意到了小怡的这些异常行为，并决定找她好好谈谈。妈妈温和地对她说："女孩在这个阶段胸部发育是非常正常的事情，我们应该正确地看待它。这就像你的身高会逐渐增长一样，是一个自然的过程，不需要刻意去限制它。"

小怡有些困惑地问："那为什么我的胸部会比别人大呢？"

妈妈耐心地解释："每个人的发育情况都是不同的，虽然大家都会经历发育，但开始发育的时间和发育的速度都是因人而异的。这与个人的身体状况或者遗传基因有很大的关系。就像种子撒在地里，有的发芽早，有的发芽晚，有的人乳房发育得早一些，有的晚一些，大小也会有所不同。"

听了妈妈的解释，小怡逐渐明白了其中的原因，她开始正视自己的身体变化，并学会了如何正确地保护和照顾自己的胸部。她不再因为胸部的发育而感到尴尬或害怕，而是学会了接受和爱护自己的身体。

## 成长指南

乳房发育是青春期女孩成长过程中一个关键的生理现象，它与个体的生命发展紧密相连。乳房的成熟过程通常随着年龄的增长而逐步展开，并且这一发展过程可能持续数年时间。女性乳房发育的一般规律可以概括为以下五个阶段。

初期阶段：在平均年龄9岁之前，即青春期之前，乳头的高度一般不超过3毫米，乳晕平坦。在这个阶段，乳头可能会有内陷或轻微的隆起现象。

早期发育阶段：大约在9~11岁，平均年龄为9.8岁。此时，乳房和乳头开始隆起，形成小丘状，乳头及乳晕的直径增大，乳晕开始向乳房外部凸起，可以触摸到明显的凸起。

中期发育阶段：大约在11~12岁，平均年龄为11.2岁。乳头的平均直径达到4毫米，乳晕的直径也有所增大，乳房开始明显凸出，不再局限于乳晕内部。

进一步发育阶段：大约在12~13岁，平均年龄为12.1岁。乳头、乳晕和乳房进一步增大，乳头和乳晕的凸起更加明显，与乳房形成一个二级隆起的分界线，乳房的隆起也变得更加明显。

成熟阶段：大约在13~15岁，平均年龄为14.6岁。乳头的直径超过7毫米，乳房已经发育成熟，形状与成年女性相似，变得丰满而隆起。

在发育过程中，两侧乳房有时会出现一些差异，通常一侧稍大，一侧稍小，但这种差异一般不明显，往往需要通过仔细测量才能发现。事实上，人体的许多器官左右并不完全对称，因此乳房大小的轻微差异属于正常现象。但是如果乳房的不对称是近期才出现的，并且一侧乳房的增长速度较快，短时间内明显增大，那么应该去医院进行检查，以排除乳房异常或肿瘤的可能。

　　乳房的发育有一定的规律，受遗传、环境、营养等因素的影响，每个人的发育情况可能会有所不同。此外，随着年龄的增长，乳房的状态也会发生变化。绝经后，女性体内雌激素水平降低，导致乳房腺体萎缩、脂肪减少，乳房可能出现下垂和弹性降低等现象，不再像年轻时那样丰满挺拔。

　　总体而言，女性乳房的发育是一个随着年龄增长而逐步展开的过程，女孩应该了解自己的身体变化，并注意保持健康的生活习惯，以促进身体的全面健康发展。

青春加油站

 青春期女孩如何选择合适的内衣

**❶ 选择正确的尺寸**

测量胸围和下胸围，确定内衣的合适尺寸。正确的尺寸不仅关乎穿着的舒适度，更直接影响到身体健康。过紧的内衣可能阻碍血液循环，而过大的内衣则无法提供必要的支撑。

**❷ 选择合适的款式**

建议青春期少女选择无钢圈的内衣款式。这种设计不仅避免了对乳房发育的潜在影响，还能提供更自然、舒适的穿着体验。

**❸ 选择优质的材质**

内衣应优先考虑天然材质，如纯棉。这种材质具有良好的吸湿排汗功能，对皮肤友好，有助于皮肤的健康呼吸。同时，应尽量避免穿含有化学纤维的内衣，以减少对皮肤的刺激和降低过敏风险。

## 02 每个月的"那几天"

佳欣经历了一个重要的成长时刻。有一天,她发现自己的内裤上有一大片红色,感觉黏糊糊的,这让她感到困惑和害怕,不知道发生了什么。放学后,她急切地回到家,向妈妈描述了自己的情况。

妈妈听完后,立刻明白了佳欣的困惑,她带着佳欣去超市购买了一包卫生巾,并耐心地教佳欣如何正确使用它们。妈妈微笑着告诉佳欣:"我们家佳欣长大了,以后每个月都会有'好朋友'来拜访你。"佳欣有些担忧地问:"难道以后我每天都要这样吗?"妈妈解释说:"不是每天都有,它是周期性的,一般每个月来一次,每次会持续3到7天。"

到了晚上,妈妈拉着佳欣的手坐到床边,开始向她讲解生理知识:"通常,女孩在10~18岁会经历月经初潮,这标志着女孩正式进入了青春期。在这个时期,女孩的身体会发生系列变化,比如乳房会逐渐隆起,体毛和青春痘也会开始出现。"

通过妈妈的解释和指导,佳欣对这个新阶段有了更多的了解和准备,她感到既兴奋又有些紧张,但知道这是成长的一部分,也感到了妈妈的爱和支持。

 成长指南

女孩的青春期通常在10~16岁,月经的初次出现是进入青春期的显著标志。

月经是一种生理现象，由卵巢的周期性变化引起，表现为子宫内膜的周期性脱落和出血。正常的月经周期为21~35天，平均28天，每次持续3~7天。月经的规律性是女性生殖健康的重要指标。

每个女孩的发育节奏都不同，月经初潮的时间也会有所差异。月经初潮年龄通常发生于乳房发育2.5年之后，多在13~15岁，早可到11~12岁，迟至15~16岁。月经初潮过早或过晚家长都需要引起重视。

在月经初潮前，女孩可能会经历一些生理和情绪上的变化，如乳房发育、轻微的腹部不适和情绪波动明显等。这些症状可能在月经来临前几个月出现，但并非所有女孩都会有相同的体验。在这个关键时期，家长应密切关注孩子的生理和心理变化，与孩子进行有效沟通，帮助她们顺利度过青春期，促进身心健康成长。

## 青春加油站

### 如何应对第一次月经

**① 教育与沟通**

在青春期到来之前，家长应主动与女孩讨论月经的相关知识，帮助她理解这不仅是自然的生理现象，也是成长的标志。

**② 准备必需品**

提前准备卫生巾或其他卫生用品，确保在月经来临时能够迅速应对，避免尴尬和不便。

**③ 周期记录**

鼓励女孩开始记录自己的月经周期，这不仅有助于她更好地了解自己的生理规律，也为未来的健康管理打下基础。

❹ **培养良好的卫生习惯**

教育女孩养成良好的个人卫生习惯，特别是在月经期间，注意清洁和更换卫生用品，以减少感染的风险。

❺ **缓解不适**

如果女孩在月经期间感到腹部不适或情绪波动，可以通过热敷、深呼吸练习或卧床休息等来缓解这些症状。

❻ **心态调整**

家长应鼓励女孩保持积极乐观的心态，认识到月经是健康女性生理周期的一部分，无须感到羞愧或不安。通过正面的引导和支持，帮助她们自信地面对这一成长阶段。

第一章
青春蜕变：女孩身体变化的奥秘

## 别跟青春痘过不去

倩倩是家里的宠儿，朋友圈中的小美人，她从小就对美容护肤有着浓厚的兴趣，经常与朋友们分享各种护肤小窍门。

这一天，倩倩正兴致勃勃地向朋友们介绍她新学到的护肤技巧，突然，一个朋友惊讶地指着她的脸说："倩倩，你脸上怎么冒出了一颗痘痘？"

"痘痘？"倩倩一听到这个词，立刻紧张起来，急忙找镜子查看。她一边找一边自言自语："我怎么会长痘呢？不可能的！"

对于倩倩来说，脸上长痘是难以接受的事情，她一直觉得自己的皮肤应该是完美无瑕的。然而，现实总是出人意料，尽管痘痘并不显眼，但倩倩的脸上确实出现了一颗，这让她感到非常沮丧。她忍不住哭了出来，伤心地跑回家，把自己关在房间里，久久不愿出来。

父母听到她的哭声，关心地询问原因。倩倩哽咽着说："我脸上长痘痘了，我不敢见人了。"

妈妈安慰她说："只是一颗痘痘而已，好好调理很快就会好的。"

但倩倩并不相信，她觉得自己的形象已经受到了破坏，在痘痘消失之前，她不想见任何人。

青春痘是一种常见的皮肤病，通常在青春期开始时出现，因此常被看作青春期开始的标志之一。青春痘的出现与青春期孩子体内激素水平

的变化密切相关。随着性激素的大量分泌，如果出现激素失衡，就可能导致皮肤上出现小痘痘。此外，青春期的我们精力充沛，活动量大，这也会导致皮脂腺分泌增加，产生更多的油脂。油脂分泌过多，就可能堵塞毛孔，形成痘痘。

生活习惯也是影响青春痘发生的重要因素。一些女孩晚上熬夜看小说或电视剧，不规律的睡眠可能会扰乱内分泌平衡，进而诱发痘痘。同时，过早使用化妆品也可能堵塞毛孔，阻碍皮肤油脂的正常分泌，使痘痘问题加重。

青春痘虽然普遍，但随着我们生理的成熟和激素分泌的稳定，痘痘问题会逐渐减轻，甚至自愈。因此，女孩们不必过分焦虑，也无须急于寻求治疗。保持平和的心态，合理调整生活习惯，是应对青春痘的关键。

 青春加油站

### 青春期女孩预防和应对脸上长痘痘

**❶ 保持皮肤清洁**

日常的皮肤清洁至关重要，可避免油脂和化妆品残留堵塞毛孔导致皮脂无法排出，从而减少痘痘的发生。

**❷ 补水保湿**

皮肤细胞缺水也可能诱发痘痘。可选用温和型面霜来锁住水分，预防皮肤干燥和痘痘的形成。

**❸ 合理饮食**

保持饮食清淡，减少高脂肪和高糖食物的摄入，如蛋糕和甜点。避免刺激性食物，同时增加膳食纤维和蛋白质的摄入。

**④ 情绪管理**

学会释放压力，保持心情愉悦和舒畅，避免情绪波动过大，减少恐惧、忧虑和紧张的心理状态。

**⑤ 充足休息**

保证充足的睡眠，避免熬夜和过度劳累。熬夜可能导致上火，而上火也是诱发痘痘的原因之一。

**⑥ 药物治疗**

在必要时，可以考虑药物治疗，建议在专业的皮肤科医生指导下使用外用药物或口服药物进行治疗。

# 身上长毛毛了

夏天的阳光总是格外灿烂，但对于小雨来说，这个季节却带来了一丝烦恼。别的女生可以穿着清爽的短裙短裤，享受夏日的微风，而小雨却不得不穿着长袖上衣和长裤，以遮掩胳膊和腿上的汗毛。她记得以前自己的皮肤是多么光滑细腻，几乎看不到汗毛，女同学们都羡慕不已。然而，不知不觉中，她的胳膊和腿上长出了浓密的汗毛，让她感到十分尴尬。

电视和报纸上的广告让小雨看到了希望，各种脱毛产品琳琅满目，从脱毛膏到蜜蜡，再到脱毛仪，应有尽有。她听说这些产品效果不错，价格也相对合理，就决定尝试这些脱毛产品。她想摆脱长袖长裤的束缚，穿上自己喜欢的短裙短裤，自信地迎接夏天。她开始在网上和实体店里寻找评价好的脱毛产品，同时也向朋友们咨询她们的使用经验。

在一番比较和考虑后，小雨选择了一款口碑不错的脱毛膏。她按照说明书上的步骤，小心翼翼地在自己的胳膊上试用。几分钟后，她用湿巾轻轻擦去脱毛膏，惊喜地发现汗毛真的不见了，皮肤变得光滑如初。

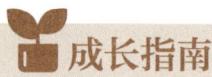

人的体毛生长主要是由遗传因素和身体发育期间体内激素水平的变化引起的。

遗传信息储存于人类的DNA之中，并在生育过程中从父母传递至子女。因此，一个人的体毛特征很可能受到家族遗传基因的影响。

体内激素水平在体毛生长中也起着重要作用。在女性体内，雌激素占据主导地位，它对于维持女性的生理特征和功能发挥着至关重要的作用。雌激素能够抑制睾酮的影响，使女性体内的睾酮水平保持在较低状态。这种平衡有助于维持女性体毛的柔软和稀疏状态。在一些特定情况下，女性体内的雌激素水平可能降低，而睾酮水平相对升高，这种激素水平的变化可能会导致体毛的增多。

青春期的女孩可能会遇到体毛增多的情况，大多属于正常的生理变化，通常不需要特别治疗。如果体毛的增多严重影响美观，可以使用脱毛产品进行适度脱毛，但要注意选择适合自己肤质的产品，并严格按照产品说明书上的指导使用。

脱毛膏作为一种化学制剂，通过其含有的溶剂和化学成分溶解毛发，实现暂时性的脱毛效果。然而，这种产品可能会因为青春期女孩的皮肤敏感性和激素变化而引发刺激或过敏反应。对于存在严重皮肤问题，如湿疹或银屑病的青春期女孩，使用脱毛膏可能会加剧病情，因此应谨慎或避免使用。此外，对于那些对脱毛膏中某些成分敏感的人来说，使用后可能会产生红肿、瘙痒等过敏反应。

因此，青春期女孩应谨慎使用脱毛产品。重要的是，家长要引导孩子认识到，无论汗毛多少，它都是人体的自然生理特征，不应成为评价个人美丑的标准。每个人的身体都是独特的，都应得到尊重和接纳。

 **青春加油站**

### 不同部位的脱毛方法推荐

**① 面部脱毛**

由于面部肌肤较为柔嫩且敏感,推荐使用对皮肤影响较小的激光脱毛技术。这种方法对肌肤的损伤较小。电动脱毛器也是一个不错的选择,它对皮肤的刺激较小,操作起来也较为方便。

**② 腋下脱毛**

腋下的皮肤较为敏感,且容易出汗,因此建议选用适合敏感肌肤的脱毛产品,如温和的脱毛膏或剃刀。蜜蜡脱毛虽然能够维持较长时间的脱毛效果,但可能会带来较强烈的疼痛和皮肤刺激。

**③ 腿部脱毛**

腿部的皮肤耐受性相对较高,可以采用剃刀、脱毛膏或蜜蜡等方法进行脱毛。在这些脱毛方式中,蜜蜡脱毛因其效果持久而受到青睐。

# 05 内裤上怎么会有白白的东西

茜茜最近的行为让妈妈感到困惑。以前,她总是一回家就忙着玩耍,但最近,她突然变得勤快起来,每天都换洗一整套衣服。虽然勤快是好事,但妈妈觉得这反常的行为背后一定有原因。

一天,茜茜放学后,又像往常一样,把自己关在卫生间里洗衣服。妈妈决定要弄清楚发生了什么,她走到卫生间门前,轻轻敲了敲门。但茜茜并没有开门,这让妈妈更加好奇了。

"茜茜,你在洗什么?"妈妈问。

"没什么,妈妈。"茜茜回答,声音里带着一丝紧张。

"肯定有什么。"妈妈坚持道。

"好吧,我告诉你,但你得保证不对任何人说。"茜茜终于打开了门,脸上带着严肃的表情。

妈妈点了点头,茜茜这才继续说下去:"我发现最近身上会流出一种白色的东西,我不知道这是什么,感觉很脏,所以我每天都要洗内裤。我是不是得了什么病啊?"茜茜的眼中满是担忧。

妈妈听了之后,心里明白了几分。她温柔地对茜茜说:"茜茜,你不用担心,这不是什么病。这种白色的东西叫作白带,它是由阴道分泌的,用来保持阴道的清洁和湿润。"

茜茜听了妈妈的解释,心中的担忧减轻了许多。妈妈继续说:"每个女孩都会经历这个过程,这是你身体成熟的一个标志。你不需要为此感到羞耻或不安。如果有任何问题,可以随时来问我,妈妈会一直在你身边支持你。"

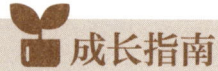 成长指南

青春期女孩可能会注意到，她们的内裤上有时会有类似蛋清一样透明或白色稀薄的糊状分泌物，这些分泌物就是白带。

白带，医学上称为阴道分泌物，是女性生殖系统的一种自然现象。它主要是由许多组织分泌的液体共同组成的，包括尿道旁腺、前庭大腺、子宫颈腺体和子宫内膜腺体分泌的黏液，以及阴道壁中毛细血管和淋巴管的渗出液。混合后的黏液中含有阴道上皮的脱落细胞及少量白细胞。

了解什么样的白带属于正常范围对女孩来说至关重要。正常的白带通常呈现白色，可能时而透明时而黏稠，并且没有异常气味。在青春期，白带的分泌量会随着体内雌激素水平的波动而呈现周期性变化，有时分泌较多，有时较少。在排卵期，白带往往更为透明且量多，而在非排卵期则相对黏稠且量少。由于青春期生殖器官的迅速发育，白带的生成量通常会有所增加。此外，当天气炎热、进行体力活动或经历性冲动时，白带的分泌量也可能相应增加，偶尔甚至会有外流现象。

虽然不少女孩觉得它每天粘在内裤上很烦人，但白带的作用是不可忽视的。它是女性生殖系统的天然保护液，其主要作用不仅包括保持阴道湿润，减少摩擦带来的不适，还能通过保持酸性环境抑制有害细菌生长，预防感染，同时排泄阴道及宫颈的废物，维持生殖道清洁。在排卵期，白带的增多和质地变化还有助于精子的存活和运输，从而促进受孕；此外，白带的周期性变化可作为女性生理周期的一个重要指标，帮助女性了解自己的生殖健康状况。

第一章
青春蜕变：女孩身体变化的奥秘

 青春加油站

## 出现这 7 种白带异常，需及时就医

**❶ 泡沫状白带**

当白带量增多并伴有阴道及外阴瘙痒时，若白带呈黄色并有泡沫，可能是滴虫性阴道炎的迹象，通常与化脓性细菌感染相关。

**❷ 脓性白带**

白带颜色变为黄色或绿色，并伴有恶臭，通常表明生殖器官受到感染。感染可能导致炎症渗出物、脓细胞和坏死上皮细胞的产生，这些变化常见于慢性宫颈炎、滴虫性阴道炎和子宫内膜炎。

**❸ 透明黏性白带**

白带量突然增多，质地类似鸡蛋清或稍显浑浊，常伴随腰酸，这种情况可能见于慢性宫颈炎或使用雌激素后。

**❹ 豆腐渣样白带**

白带中出现白色块状物，类似豆腐渣，且这些白色物质附着在阴道壁上不易脱落，常伴有局部瘙痒，这可能是霉菌性阴道炎的信号。

**❺ 血性白带**

白带中带有血丝，可能是宫颈癌或恶性肿瘤的征兆。一些良性病变如重度慢性宫颈炎、宫颈息肉和子宫黏膜下肌瘤也可能导致血性白带。

**❻ 黄色水样白带**

白带颜色发黄，经常湿透内裤，并伴有臭味，这通常是由病变组织变性坏死引起的。这种白带多见于子宫黏膜下肌瘤和宫颈癌。

## 06 我的个子很矮吗

12岁的时候，雯雯发现自己与身边同龄人的身高差距似乎越来越大，这让她心中充满了不安和失落，甚至是自卑。

在家里，表姐小芳是个高挑的女孩，每次家庭聚会，雯雯站在小芳旁边，总是显得格外矮小。

在学校，雯雯总是坐在教室的第一排，在体育课上也总是被安排在队伍的前排。尽管她热爱排球，却因为身高，很少有机会参与比赛。同学们虽然认可她的排球技巧，但总是担心她会影响团队的整体表现。

然而，生活有时会带来意想不到的转变。升入初中后，雯雯发现自己开始迅速长高，一年之内竟然长高了十几厘米。这种快速的生长让她感到惊喜，但与此同时，她的腿和膝盖经常感到疼痛，她意识到这可能是生长过快导致的缺钙。

雯雯决定去医院寻求专业的帮助。医生在了解她的情况后，立刻给她开了钙片，并建议她注意饮食均衡，补充足够的营养。遵循医生的建议，雯雯开始调整自己的饮食习惯，不仅补充了钙，还增加了蛋白质和维生素的摄入。

初二的时候，雯雯的身高已经接近一米七，身材也变得更加匀称和健硕。她从一个因为身高而自卑的女孩，变成了一个自信、阳光的少女。她学会了接受自己的成长过程，并为自己的改变感到骄傲。雯雯意识到，每个人都有自己的成长节奏，而真正的美丽来自自信和健康，而不仅仅是身高。

## 第一章
### 青春蜕变：女孩身体变化的奥秘

 **成长指南**

女孩的身高增长模式与男孩有相似之处，但也存在一些区别。通常，女孩在青春期前的身高增长较为缓慢，而在青春期则会迎来一个快速增长的阶段，成年后增长速度逐步放缓。

女孩出生后的第一年，身高的增长速度相当快，大约可以达到25厘米；1~2岁时，身高的增长速度会逐渐放慢，每年大约增长10厘米。

在2岁到青春期开始之前，女孩的身高增长速度大致保持稳定，每年增长5~7厘米。进入青春期后，女孩的身高增长速度会显著加快，每年可能增长7~12厘米，有时甚至会更多。

女孩的青春期一般从10~12岁开始，整个过程持续2~3年。在这个关键时期，她们的身体会经历许多变化，包括身高的突增、体重的增加、乳房的发育以及月经的初潮等。

一旦青春期结束，女孩的身高增长速度会逐步减慢，直至完全停止。女孩的身高虽然主要受遗传因素影响，但后天因素如饮食、运动和睡眠等也会对身高产生一定的影响。

 **青春加油站**

### 女孩发育期吃什么长高

**1 菠菜**

菠菜是一种营养较丰富的蔬菜，尤其以铁和钙含量高而著称，这些矿物质对于孩子的生长发育至关重要。对于那些不太喜欢菠菜的孩子，可以尝试将菠菜切成细丝，混入炒饭中，或者作为紫菜包饭的配料，以增加其吸引力。

② **鸡肉**

鸡肉作为一种广受欢迎的肉类，不仅口感鲜美，还富含蛋白质，对孩子的成长大有裨益。烤鸡肉、鸡肉搭配沙拉或肉汁，不仅味道更佳，还有助于补充孩子所需的营养。

③ **黑大豆**

黑大豆是蛋白质的宝库，其蛋白质含量在豆类中尤为突出，是促进孩子健康成长的良好食材。无论是将其加入米饭中烹饪，还是磨制成豆浆饮用，都是营养美味的好选择。

④ **胡萝卜**

胡萝卜以富含维生素A而闻名，这种维生素对于蛋白质的合成至关重要。如果孩子不喜欢胡萝卜的单一口味，可以将其与苹果混合榨汁，以平衡口感。或者在烹饪鸡肉、猪肉或牛肉时，将胡萝卜切成细丝一同炒制，这样不仅增加了菜肴的风味，也丰富了营养。

⑤ **牛奶**

牛奶是一种营养丰富的饮品，特别是钙含量丰富，易于孩子吸收。适量饮用牛奶对孩子的健康成长是有益的。

⑥ **鸡蛋**

鸡蛋是高蛋白食品的代表，蛋清中的蛋白质对孩子的成长非常有益。一些家长可能担心蛋黄中的胆固醇过高，但对于成长期的孩子来说，适量摄入胆固醇是安全的，每天食用1~2个鸡蛋是合适的。

# 第二章

## 情窦初开：
## 花季少女的情感困惑

##  异性交往就是恋爱吗

学校举办了一次春游活动,中午休息时间,女生刘佳佳与男同学李磊相邻而坐,两人间的距离不经意间变得非常近。李磊拿出了一些零食,热情地邀请刘佳佳一起分享,刘佳佳微笑着接受了。

用餐结束后,李磊轻声向刘佳佳提出了一个私人请求,问她是否愿意成为更亲密的朋友。刘佳佳误以为李磊想和她交朋友,于是她轻松地回答说可以。几天后,刘佳佳意外地收到了李磊送来的一系列礼物:一盒包装精美的巧克力、口香糖、开心果和卡通玩具。面对这些礼物,刘佳佳并没有拒绝,而是全部收下了。

然而,有一天,当刘佳佳正与另一位男同学坐在一起讨论学习问题时,李磊偶然看到了这一幕。他感到非常愤怒,立即冲了过来,指责刘佳佳背叛了他,称她是一个无耻的女生。这突如其来的指责让刘佳佳感到困惑和震惊,她不知道该如何回应。

感到极度委屈和伤心的刘佳佳,泪水涌上了眼眶,她没有争辩,只是默默地哭着回到了家。这次事件让她感到困惑和痛苦,也让她意识到,与异性朋友之间的界限可能需要更加明确,以避免产生误会和造成伤害;同时,她也需要学会如何更好地表达自己的感受和立场,恰当处理与异性交往中的复杂情感。

##  成长指南

青春期阶段，很多孩子会逐渐对异性产生倾慕和好感，并有一种与有好感的异性接近、了解、交往的需要，这是一种正常的情感需求。但这个时期的孩子常常会混淆友情与爱情的界限，给学习和生活带来很大的困扰，就像故事中李磊和刘佳佳一样。

友情与爱情构成了人类情感世界中的核心纽带，它们在多个层面上有着共通之处，比如都根植于相互信任和尊重。尽管如此，友情与爱情之间存在着明确的分界线，而这些界限有时却显得不那么明晰。

友情是一种基于共同爱好、相互尊重和默契的情感联系。在友情中，朋友能够坦诚地分享各自的快乐与悲伤，一起经历生活的高低起伏。友情不包含牺牲的要求，也不会带来占有或嫉妒的情绪。相比之下，爱情则包含了对伴侣的深厚情感，涵盖了浪漫、占有欲、依赖和奉献。爱情往往需要更深层次的亲密和身体接触，也可能带来情感上的纠葛和冲突。

然而，友情与爱情之间的界限并非总清晰分明。人类情感的丰富性和复杂性让这一界限变得不那么明确。在某些情况下，友情可能逐渐发展成爱情，而爱情也可能转变为友情。例如，起初纯粹的异性友情，随着时间的积累，可能慢慢演变为更深层次的情感；同样，一对情侣也可能因为某些原因，最终以朋友的身份继续相处。

因此，友情与爱情之间的界限是流动的，它可能会随着时间和环境的变化而发生改变。青春期女孩在处理这两种情感的界限时，应保持理性和谨慎，在尊重自己和对方的情感、考虑彼此感受的基础上通过清晰、坦诚的沟通来表达自己的想法，将与异性之间的关系保持在真诚且有意义的友情范围之内。

 **青春加油站**

## 青春期女孩如何正确与异性交往

① **相互尊重，坦诚自然**

与男孩交往应建立在相互尊重和自我尊重的基础上。交往过程中避免过度亲昵的举动，保持端庄的举止，不说低俗的话语，不做轻浮的行为。

② **注意交往的时间、地点和方式**

注意保持适当的界限，避免引起误解。在集体活动中与异性交往，在群体的环境中发展友谊，避免私下单独给予或接受异性的礼物，避免不适当的越界行为。

③ **把握好友谊的界限**

当感觉到对异性有超出友谊的情感时，学会控制自己的情感，不应轻易表达自己的好感，将与异性之间的感情保持在友谊的范围内。

④ **丰富自己的课余爱好和兴趣**

积极参与有益身心健康的文化和体育活动，将精力投入学习和个人成长上。多样化的活动和充实的生活有助于转移注意力，帮助青春期女孩更好地管理自己的情感和行为。

 那个男孩不一样

伊伊是一个刚满16岁的初三年级女生，她的16岁生日派对上，家里充满了欢声笑语，十几位同学围坐在她周围，共同庆祝这个特别的日子。派对上，文艺委员站了出来，唱起了一首伊伊非常喜欢的歌曲，他的声音温暖而动听，让整个派对的气氛更加温馨。

伊伊注视着文艺委员，被他的歌声深深吸引。她回想起文艺委员平时对她的关心和帮助，心中涌起了一种前所未有的感觉。从那天起，伊伊发现自己对文艺委员的态度发生了微妙的变化。每当她看到文艺委员，心跳就会加速，既想接近他，又害怕与他的目光相遇。

伊伊开始觉得，文艺委员似乎总是在关注自己。无论是在体育课上跑步时，还是在课间与其他同学交谈时，她都能感觉到文艺委员的目光。她在心里暗自猜测，文艺委员是不是也对自己有着特别的感情。

随着时间的推移，伊伊和文艺委员之间的互动越来越多。他们开始一起做作业，一起参加课外活动，甚至在放学后也会一起回家。在这个过程中，伊伊逐渐意识到，她对文艺委员的感情已经超越了普通同学之间的友谊。

然而，伊伊也清楚地知道，作为一名初三学生，她的主要任务是学习，为自己的未来打下坚实的基础。她不想让这份感情影响到她的学业和生活。于是，她决定把这份感情深藏在心底，等到合适的时机再表达。

伊伊开始更加努力地学习，她希望能够和文艺委员一起进入理想的高中，继续他们的故事。同时，她也在和文艺委员的相处中，学会了如何平

衡自己的情感和学业，如何在青春期的迷茫中找到自己的方向。

## 🌱 成长指南

当女孩进入青春期，她们开始对周围的异性产生兴趣，并对男生感到好奇，不自觉地将注意力投向他们。随着时间的推移，女孩可能会发现自己对某个具有吸引力的男生产生了淡淡的好感。在这位男生面前或想到他时，女孩可能会因内心的激动而变得敏感和羞涩。这种隐约的好感有时被称作喜欢，但由于青春期女孩的心理还未成熟，她们往往会将这种喜欢误认为是爱情。

因此，如果有人问女孩是否喜欢某个男生，她可能会因为感到羞耻或担心心思被看穿而急忙否认，或者因为内心的不安而显得焦虑。这种反应是青春期女孩在情感认知和社交互动中常见的自我保护机制，她们在探索和理解自己情感的同时，也在学习如何处理与异性的关系。

有句话说得好："好感不等同于喜欢，喜欢也不等同于爱。"这句话对于青春期的女孩来说尤为贴切。在青少年的世界里，男女之间确实存在纯粹的友谊。起初，基于相互之间的好感，他们建立起了纯洁的友情；之后，随着了解的加深，他们可能对对方产生一种淡淡的喜欢之情。这些情感体验是青春期女孩在与异性交往过程中的自然心理反应。

不过，这种喜欢的情感与爱情之间还有很大的距离。由于经历有限，青春期女孩有时会将这种浅浅的喜欢误解为深刻的爱情，甚至会为此感到困惑和苦恼，就像故事中的伊伊一样。因此，对于青春期的女孩来说，学会区分和理解这些不同层次的情感非常重要，这有助于女孩们建立更健康的人际关系，并保持个人成长和学业的平衡。

## 青春加油站

### 面对早恋，女孩必须保持绝对的理性

❶ **保持清醒的头脑**

认清是非，做事有原则，明白什么事该做，什么事不该做。全面理性地把握自己的情感，不贪图一时的感情宣泄，而着眼于光辉灿烂的未来。

❷ **分清友谊和爱情**

在处理感情上的纠葛时要坚决果断，不能犹豫不决。应该把自己的意愿向对方说清楚，区分崇拜、羡慕、同情、依赖与爱情的不同，避免混淆。

❸ **戒除性好奇和性模仿心理**

认清自己的现实情况与小说、电影中的人物是有区别的，避免在好奇、模仿的心理驱使下做出不该做的事。

❹ **多与身边的大人沟通**

与父母、老师、好友进行思想沟通，听取他们的意见，争取得到他们的支持和帮助。

## 09 我好像喜欢上了男老师怎么办

薇薇，一个14岁的初二学生，最近经历了一些变故。她原来的数学老师因为工作调动离开了学校，取而代之的是张老师，一位24岁的大学毕业生。张老师不仅外表阳光帅气，而且讲课风格幽默风趣，深受学生们的喜爱，薇薇也不例外。

张老师的到来给薇薇的校园生活带来了新的活力。他那刚毅的侧脸，总是让薇薇心跳加速，脸颊泛起淡淡的红晕。作为班里的数学科代表，薇薇有很多机会与张老师单独交流，这让她对张老师的了解和好感与日俱增。

张老师对薇薇的关心，虽然只是出于教师对学生的职责，但在薇薇心中却激起了层层涟漪。她开始意识到自己对张老师的感情已经超出了师生之间的正常界限。尽管知道这份感情可能不会有结果，但薇薇的内心却无法平静，这份暗恋让她夜夜辗转反侧，甚至影响了她的学习。

### 成长指南

在青春期，女孩们的性意识开始觉醒，她们可能会对年长的异性产生一种依恋。就像故事中的薇薇一样，很多青春期的女孩会对年长的老师产生一种特殊的情感，这可以看成是一种情感上的自我探索。这种现象有时被称为"牛犊恋"，象征着一种纯真而自然的依恋。

优秀的老师在学生心中往往占据着特殊的位置。女孩们可能会被教师的学识、人格魅力以及对学生的关爱所打动，从而将内心的爱欲投射到这位可能并不知情的老师身上。这是一种发自内心的、纯净的、美好的情感体验，是值得尊重的。由于这种情感通常是单向的，没有得到回应时，它很可能会在孩子们成长和成熟的过程中自然消退。如果孩子选择不表达这种情感，父母也无须去揭露它。

孩子们对异性教师的情感在很多情况下是对亲情的一种渴望，是一种对关怀、庇护和肯定的期待。理解这一点后，父母可以理智地观察孩子的行为，同时尊重孩子的隐私。父母应该努力营造一个和谐的交流环境，多倾听孩子对老师的描述，自然地询问孩子欣赏教师的哪些品质。然后，父母可以顺势帮助孩子分析好感和喜欢的区别，并告诉孩子，异性之间的好感和喜欢可能会发展成为爱恋，但这种爱恋是相互的，需要承诺和责任作为基础。

如果父母注意到孩子对某位老师的倾慕开始影响到学习或个人成长，可以采取一种温和而理解的态度来与孩子沟通。父母可以引导孩子将这份特殊的情感当成成长旅程中的一朵小花，它美丽而短暂，值得我们去欣赏和珍惜，但无须去打扰它的宁静。重要的是，要将注意力转移到个人的成长和发展上，通过学习和各种活动来提升自己，让自己变得更加出色。这不仅是对自己最好的投资，也是对老师辛勤工作的一种尊重和回报。

## 青春加油站

### 青春期女孩与男老师的相处之道

**1 保持适当的师生界线**

尽管有些女生天生活泼开朗，喜欢撒娇，但面对老师时，还是应该保持一定的礼貌和距离，对老师保持应有的尊重。

**② 尽量避免单独相处**

如果需要前往男老师的办公室，可以邀请几位同学同行，这样既能保护自己，也能展现你的团队精神。

**③ 有其他人在场时与男老师交流**

如果需要老师的帮助，而当时只有一位男老师在场，可以等待其他老师在场时再寻求帮助。如果必须与男老师单独会面，请尽量选择靠近门口的位置，并保持门敞开。

## 10 理智对待早恋

雯雯,一个13岁的少女,一直以来都是父母心中的骄傲。她的成绩优异,性格温和,是邻里间出了名的乖孩子。然而,生活总是充满意外,雯雯的逃学事件像一颗石子投入平静的湖面,激起了层层涟漪。

那天,雯雯的父母接到了老师的电话,得知雯雯没有出现在课堂上。这个消息如同晴天霹雳,让两位平日里忙于工作的家长感到困惑和焦虑。他们立刻放下手头的工作,开始寻找雯雯。

经过一番焦急的搜寻,最终在一家网吧的角落里,他们发现了低头玩手机的雯雯。她的眼神中透露出迷茫和不安,似乎在逃避着什么。父母没有立即发怒,而是轻轻地走到她身边,用温和的语气说:"雯雯,我们回家吧,爸爸妈妈想和你谈谈。"

回到家后,雯雯的父母并没有选择责备,而是选择了理解和倾听。他们坐在客厅的沙发上,邀请雯雯加入这场家庭对话。在父母的鼓励下,雯雯终于打开了心扉,向他们倾诉了自己的困惑和担忧。

雯雯说:"我不知道自己是怎么了,最近总是不由自主地关注班上的一个男孩。每当他出现,我就忍不住想要和他说话,想要了解他的一切。甚至在看书和睡觉时,我的脑海中也都是他的身影。我害怕,我是不是早恋了?"

父母听了雯雯的话,并没有表现出惊讶或是责怪,而是用理解和关爱的眼神看着她。他们说:"雯雯,你的感受是很正常的。在这个年龄,对异性产生好感是很自然的事情。这并不一定是早恋,也许只是你对友谊的一种向往。"

接着，父母给雯雯讲述了关于成长的故事，告诉她在青春期，情感的萌动是每个人成长过程中的一部分。他们鼓励雯雯正确看待自己的情感，学会自我控制，同时也要尊重他人。

## 成长指南

许多家长对所谓的"早恋"持有偏见，认为它是一种过早涉足恋爱的行为。然而，恋爱本身是一种自然的情感反应，青春期的女孩正处于情感的探索阶段，她们的好感往往建立在相互欣赏、相处愉快或交流顺畅的基础上。她们可能会模仿成人互赠小礼物，偶尔也会有小矛盾或小摩擦，但这些情感大多是纯真的，并没有成人世界中的复杂情感纠葛。

当家长能够以开放的心态来理解和接纳孩子的早恋现象时，他们会更倾向于教导孩子如何正确地认识和处理这种朦胧的情感，就像故事中雯雯的父母一样。正如有人所说："如果你关闭了早恋的大门，孩子可能会从窗户悄悄溜出去。"因此，家长应该与孩子坦诚地讨论好感和情感问题，引导她们健康地面对和处理自己的情感。

家长应该鼓励孩子将好感置于阳光下，而不是在暗处偷偷地揣摩。允许孩子与她们喜欢的人一起玩耍、共进餐点或学习，这样家长会发现孩子对多个伙伴都有好感，因为当孩子公开地与她们喜欢的人交往时，她们会意识到所有的好感都是相似的——基于相处愉快和交流顺畅，而没有特别神秘或独特的情感，这样早恋的说法也就不成立了。

这时，我们可以告诉孩子："对伙伴有好感，说明你们相处得很好，这是深厚的友情，我们应该珍惜并用朋友之道相待。"当孩子心中的暗恋和特殊好感被带到阳光下,她们会发现那些曾经让她们心跳加速的微妙情绪开始变得平淡,最终她们会认识到"这也没什么大不了的",自然就不会因这些微妙的情感而分心。

实际上,孩子们对早恋的好奇往往多于真正的情感投入。如果父母能够正确引导孩子理解早恋,并教导她们正确处理自己的好感,孩子们就能对这些情感的干扰产生较强的抵抗力。即使孩子已经开始了早恋,我们也应该让她们明白早恋与成熟恋爱的区别,了解早恋的界限,并知道如何保护自己不受伤害。

## 青春加油站

### 早恋与成年人恋爱有什么不同

1. **年龄与成熟度不同**

   早恋发生在未成年男女之间,这个时期的孩子们身心尚未成熟,容易受到情感的影响,早恋可能会影响到他们的学习和生活。成年人通常具有更成熟的心智和情感处理能力。

2. **社会认可度不同**

   早恋通常不被成年人所容许,因为它可能会影响到未成年人的正常成长和发展。成年人的恋爱则得到了社会的广泛接受,被视为个人情感发展的正常阶段。

3. **情感的深度与复杂性不同**

   早恋往往较为单纯,与现实生活的复杂性无关,更多是基于情感本身和理想化的爱情,如花前月下的浪漫和诗情画意。成年人的恋爱则更为复杂，除了情感的深度，还涉及生活理念、价值观的匹配以及对未来生活的共同规划。

**④ 现实考量因素不同**

早恋通常不牵涉到现实生活中的具体问题，如经济、家庭背景等。成年人的恋爱则需要考虑更多的现实因素，如双方的经济状况、家庭背景、生活习惯等，这些都是为了将来可能的婚姻和共同生活作准备。

**⑤ 情感表达方式不同**

早恋往往更加隐秘和羞涩，双方可能因为害怕被发现而选择偷偷地进行。成年人的恋爱则更加公开和坦诚，双方可以自由地表达自己的情感，并且共同面对生活中的挑战。

**⑥ 目的与结果不同**

早恋可能因为缺乏经验和对未来的规划，而更多的是一种探索和体验，结果往往是短暂的。成年人的恋爱则往往以建立长期关系甚至婚姻为目的，伴随着对未来的深思熟虑和长远规划。

## 11 不喜欢他该怎么拒绝

莉莉是个性格开朗的女孩,她和班上的男同学们关系都很好,但始终保持着纯洁的友谊。尽管周围有的同学开始尝试恋爱,莉莉却清楚地知道早恋可能带来的问题,因此她一直避免涉足其中。

然而,在暑假的一个晚上,她意外地收到了一名男同学通过邮箱发来的一封情书,情书内容真挚,表达了对她的喜欢和想要进一步发展关系的意愿。

莉莉感到既惊讶又困惑,她不知道该如何是好。她决定向好朋友丹丹求助。丹丹在看完情书后,虽然忍不住笑了,但也认真地为莉莉出谋划策。丹丹建议莉莉拒绝这份感情,但要采取一种既能表达自己立场,又不会伤害对方感情的方式。莉莉也担心直接拒绝会伤害到这位一直帮助她的好朋友,同时也担心失去这段珍贵的友谊。

丹丹建议莉莉写一封回信,用书面的形式表达自己的决定,这样既能避免面对面的尴尬,又能给对方留下思考的空间。莉莉担心自己的文笔不足以表达这样复杂的情感,丹丹便主动提出帮助她写这封信。

在丹丹的帮助下,莉莉写了一封既真诚又委婉的回信,表达了她对男同学友情的珍视,同时也清楚地说明了自己对早恋的看法和决定。信中,莉莉感谢了男同学的喜欢和勇气,但同时也表明了自己目前并不想涉足恋爱关系,希望彼此能够继续保持好朋友的关系。那名男同学在收到回信后,虽然有些失落,但也尊重莉莉的决定,他们之间友谊的小船依然平稳地向前航行。

## 成长指南

　　青春期是孩子们对异性关系特别敏感的时期，心理学研究指出，在初中的早期阶段，即初一和初二，异性间的交往相对较少，但到了初三，尤其是进入高中后，这种交往会有显著的增加。这种变化主要是由性生理和性心理的发展所驱动的。随着性特征的成熟和性心理的发展，青少年开始对异性产生兴趣，想要接近异性，并可能对友情与恋爱的界限感到困惑。

　　对于青春期的少男少女来说，区分友情与爱情有时确实是一项挑战。友谊是"朋友之间的情感"，它基于共同的兴趣、爱好或相似的性格，是一种相互关心和帮助的情感纽带，建立在心理相容的基础上，是一种深刻而强烈的个人情感联系。友谊不分性别，也不局限于特定的人数或年龄段。它最显著的特点是包容性，可以是几个人的小团体，也可以是更大的朋友圈。

　　与友谊不同，爱情首先是男女之间在外表上的相互吸引，以及在精神上的共鸣；其次是在文化水平、教育背景、人生目标、价值观、生活方式、审美情趣和兴趣爱好等方面的一致性。爱情意味着在对方身上实现自己多方面的愿望，包括审美、理想、生活目标、心理和物质层面的追求，也包括性的内容。当爱情发展到一定程度时，双方可能会渴望通过婚姻这种形式来合法化彼此的关系，并承诺终身相守。爱情具有排他性，要求双方情感专一，同时与多人保持爱情关系被视为不道德。

　　女孩们要学会区分友谊和爱情，避免陷入早恋的困境。对于无法接受的感情，我们要温和而坚定地表达拒绝的态度。如果已经明确表达了拒绝的态度，但对方仍然坚持不放，甚至他的行为开始对我们的学习和生活造成负面影响，且情况严重，那么在保护自己的前提下，我们可以寻求老师或家长的帮助来妥善处理这些情感问题。

## 青春加油站

### 如何不伤其自尊地拒绝男生的追求

① **表达感谢**

在表达拒绝之前，先向对方表示感谢，这有助于缓和气氛，让对方感受到尊重。你可以这样表达："我真的很感激你对我的关注和善意，这对我来说意义重大。"

② **坦诚表达你的感受**

如果你对某人的感情并不如对方所期望的那样，应该直接而诚恳地表达出来。例如，你可以说："我理解你的好意，但我必须坦白告诉你，我对你的感觉并不是爱情，我希望我们能保持朋友的关系。"

③ **避免负面措辞**

在拒绝的过程中，应避免使用任何可能伤害对方情感的攻击性语言。尽量采用温和的语气，比如："我认真考虑过我们的关系，我认为我们更适合作为朋友相处，而不是发展成恋人。"

④ **选择恰当的时机**

拒绝的时机也很重要。尽量不要在对方刚表白后立即拒绝，因为那时他可能难以接受；但也不要拖延太久，以免对方产生误解。具体的时机应根据实际情况灵活决定。

## 5 采用适当的方式

根据你们之间的关系和对方的个性，选择最合适的拒绝方式。可能的方式包括冷处理、面对面交谈或写信等。建议避免通过第三方传达拒绝，或在公共场合表达拒绝，因为这样可能会让对方感到不受尊重，并可能引发矛盾。

## 6 不随意承诺

拒绝时，避免给出可能无法实现的承诺或暗示，这可能会误导对方，让他们感到更加受伤。相反，你可以明确表示："我们可以继续保持友好的联系，我珍视我们之间的友情。"

## 12 失恋是会呼吸的痛

佳彤是一个初三的女生,中考倒计时已经不足两百天,但她却在这个时候遭遇了情感的挫折。她曾全身心投入并深信自己的初恋能够走到最后,然而,就在她正式升入初三的前夕,与她相恋的男孩却告诉她,他不想再继续这段关系了,这让佳彤感到十分困惑和无助。

在那段时间里,佳彤为了挽回这段感情,努力地改变自己。男孩曾表示不喜欢她的某些行为和态度,她就默默地守在他身旁,给予他关怀和照顾;当他说学校的早餐不合口味时,她便每天偷偷地从家里带便当。她甚至开始学习烹饪,尽管之前她从未下过厨房,也不喜欢那充满油烟的环境。但无论她如何努力,男孩对于分手的决定始终坚定不移,这让佳彤非常伤心。她多次询问分手的原因,但男孩总是回避,不愿正面回答。

后来,在一次约会中,男孩终于告诉她,他不想辜负父母的期望,想要专心学习,并认为他们还是做朋友更合适。但佳彤明白,这只是一个借口,更深层次的原因是男孩已经不再喜欢她了。她的一些朋友私下告诉她,男孩从一开始就没有真心喜欢过她。

佳彤感到非常伤心,她想要忘记这段感情,全身心投入学习。但因为同在一个班级,她不得不经常面对他,那些美好的回忆时常浮现在她的脑海中,让她在课堂上不由自主地回想起过去的甜蜜时光。她清楚自己不应该总是沉浸在过去,应该尽快放下,开始新的生活。

尽管内心痛苦,但佳彤在朋友面前总是尽力表现得开心和快乐,不想让朋友们担心，也不敢让家人知道她的真实感受。她害怕家人对她失望，但她内心深处，确实感到非常不快乐。

## 成长指南

青春期是人生旅程中一个关键的时期，它不仅是个人成长的重要阶段，也是女孩们初次体验恋爱情感的时期。然而，在这个过程中，她们可能会面临失恋带来的痛苦。要减轻失恋带来的痛苦，首先需要了解失恋后可能会经历的几个心理阶段。通过了解这些阶段，女孩们可以更好地认识自己的情绪变化，从而帮助自己调整心态，减轻痛苦。

### 第一阶段：否认

当她们拿起手机，习惯性地想要和对方说几句话时，却突然意识到对方已经提出分手，她们可能会难以置信，希望时间能够倒流，希望一切都没有发生。在这个阶段，她们可能还没完全接受分手的事实，甚至没有意识到自己已经失去了对方。

### 第二阶段：愤怒

愤怒通常源于孩子自身的无力感。当她们无法阻止对方离开时，可能会感到愤怒和委屈，责怪对方为什么要这样伤害她们。这种情绪可能会让她们感到非常痛苦。

### 第三阶段：说服

在这个阶段，女孩们可能会尝试说服对方不要分手，希望对方能改变主意。但这种尝试往往是徒劳的，不仅无法改变结果，反而可能让她们感到更加痛苦。

### 第四阶段：消沉

面对分手的现实，女孩们会感到无助和沮丧。如果不懂得如何调节自己的情绪，可能会陷入消沉的状态。虽然失恋后的悲伤是自然的，但如果这种情绪开始影响到她们的日常生活和学习，她们需要提醒自己不能沉溺于这种消极状态。要告诉自己，生活还要继续，不能因此颓废。

第五阶段：接受

最终，女孩们会逐渐意识到对方确实已经离开了她们，并且他们离开并不是为了故意伤害她们。当她们想明白这一点后，她们的内心会逐渐平静下来，感到释然。

通过深入体验这五个情感阶段，女孩们会逐渐领悟到失恋带来的痛苦并非不可逾越的障碍。内心的痛苦不会永远持续，时间会帮助她们治愈一切，让生活重新回到平静的状态。

## 青春加油站

### 失恋后缓解痛苦的小技巧

**❶ 痛快哭一场**

当分手带来的悲伤难以承受时，不妨让孩子大声哭出来。哭泣不仅有助于释放身体压力，还能帮助排出体内的应激激素，为心灵带来平静。研究表明，90%的人能够通过哭泣显著改善情绪，其自我安慰的效果甚至超过了某些抗抑郁药物。

**❷ 写一写日记**

写日记是一种能够让人平静下来的活动，它可以帮助我们放松情绪，直面内心。将个人的感受和体验详细记录在纸上，就像与一个永不拒绝任何秘密的朋友交谈。写完日记后，那种释放后的轻松感，能有效缓解分手带来的不适。

### ❸ 通过跑步释放压力

如果分手让孩子感到悲伤,可以试着带孩子去跑跑步。在跑步过程中,随着汗水的流淌,失恋的痛苦往往会被暂时遗忘。

### ❹ 与亲友分享心情

引导孩子向朋友和家人倾诉,来自亲友的支持和安慰能让孩子感到被爱和关怀,明白即使失恋,也不会孤单一人。这种情感上的支持有助于改善心情。

### ❺ 去开阔的地方游玩

如果失恋后将自己封闭在狭小的空间,可能会不自觉地将注意力集中在失恋上。所以,家长要多带孩子到开阔的地方去,比如一起去爬山、去游乐场或远途旅行,可以有效分散孩子的注意力,缓解内心的痛苦情绪。

# 第三章

## 两性密码：
## 女孩要了解性和性行为

## 13 什么是性和性行为

最近，雨菲的妈妈注意到了一些不同寻常的迹象：她的女儿回家的时间比平时晚，情绪起伏也很大，有时候一个人偷偷地笑，有时候又显得非常沮丧。妈妈怀疑雨菲可能早恋了，于是在雨菲看电视的时候，妈妈偷偷地检查了她的书包。但是，妈妈并没有找到情书，反而发现了一些让她更加担忧的东西。

"雨菲，这是什么？你这么小的年纪就开始学坏了吗？书包里竟然有这些不正经的东西，你还有心情学习吗？"妈妈拿着一本书，冲到客厅质问雨菲。

"妈，你怎么可以这样！谁让你偷看我的书包了！"雨菲也很生气。

"幸好我看了你的书包，否则等你犯了大错怎么办？你告诉妈妈，是不是有男孩子引诱你？这些书是从哪里来的？还有没有其他的？全部拿出来，我要扔掉。"

妈妈愤怒地把书扔在雨菲面前。原来，这是一本小说，封面上有一对穿着暴露的古装男女紧紧相拥，让人一看就会脸红心跳。

"凭什么！这只是一本小说，又不是什么见不得人的东西！"雨菲对妈妈大喊。

"小说？有这样露骨的小说吗？我只看封面就觉得脸红，里面的内容可能更加不堪入目！"妈妈说完，就当着雨菲的面撕毁了那本小说。

雨菲感到非常伤心，她觉得妈妈太过分了，但又无法反驳，因为那本小说确实包含了一些性描写。她只是出于好奇，从同学那里借来看，但很快就觉得内容不适合自己，让她对性和性行为有了负面的看法。她本来已经打算把书还给同学，但妈妈的行为让她感到更加不安，好像自己做错了什么一样。从那以后，雨菲不仅不再和父母交流，而且变得越来越沉默，似乎心里藏着许多秘密。

## 成长指南

性，是人类最原始的欲望之一。性心理学家哈夫洛克·埃利斯指出，性不仅仅是一种生理需求，它同样涉及心理层面，是由我们的身体和大脑共同作用的结果。

随着女孩进入青春期，她们的身体会经历显著的变化，包括生殖器官的成熟和性腺的发育。这些生理变化会引发性激素水平的上升，进而促进性意识的觉醒。

一些女孩可能会通过自我探索来了解自己的身体，在这个过程中，女孩可能会体验到性欲，这是正常的生理现象。同时，她们对性产生好奇和兴趣，可能会通过互联网、书籍、报纸、影视作品等渠道来探索性知识，以满足自己的好奇心。但这些渠道提供的信息可能是片面的，甚至是错误的，导致女孩们对性产生误解，认为性是不干净的，性行为是不雅的，这种错误的认知可能会影响她们的心理健康和身体发育。

父母在孩子的教育中扮演着至关重要的角色，特别是在性教育方面，家庭的引导和支持是不可或缺的。父母可以通过以下方法与孩子就性相关的话题进行开放而深入的交流：

母亲可以与青春期的女儿一同观看有关性教育的有趣视频或阅读相关书籍，共同学习和探讨。

当女儿经历月经初潮时，母亲应该向她解释，这标志着她已经具备了生育能力。父母可以与孩子分享一些关于未成年怀孕和堕胎的新闻报道，帮助她们认识到青春期冲动可能带来的严重后果，并教育她们如何保护自己，避免因不当的性行为而受到伤害。

此外，父母也应该帮助孩子理解，在青春期，校园恋爱往往难以持久，她们应该将注意力集中在学业上，培养自己的兴趣和能力，而不是过早地投入可能没有结果的恋爱关系。通过这样的教育和引导，父母可以帮助孩子建立正确的价值观，为她们的未来打下坚实的基础。

总之，父母在性教育方面应该展现出开放和接纳的态度，不应回避这一重要话题。如果父母在性教育上避而不谈，青春期的女孩可能会尝试自己寻找答案，但这样获得的信息可能是不完整或误导性的。因此，父母需要更加积极地参与进来，提供正确的信息和指导，以帮助孩子安全、健康地度过这个充满变化的青春期。

## 青春加油站

### 8部"性教育"电影，建议每个家长都陪孩子看一遍

1.《女人Woman》

2.《1分钟性教育》

3.《明明白白我的性》

4.《人体奥秘》

5.《丁丁豆豆成长记》

6.《生命的诞生物语》

## 14 不要过早发生性行为

李萌最近发现自己喜欢上了一个男生，令人惊喜的是，几天后那个男生也向她表白了，原来他们彼此都有好感。这让李萌感到非常开心。相处了一段时间，她发现那个男生对她很好，非常照顾她，这让她感到非常甜蜜和幸福。终于有一天，她决定把这件事告诉妈妈。李萌和妈妈之间的关系一直很亲密，她不想对妈妈隐瞒任何事情。

"妈妈，我喜欢上了一个男生，而且我们已经开始交往了。"李萌害羞地说。

妈妈听后，并没有表现出反对的态度，只是轻轻地皱了皱眉头。"你喜欢他一定是有原因的，他身上一定有让你欣赏和敬佩的地方，对吗？你喜欢这个男孩什么呢？"

李萌看到妈妈并没有批评她，而且还很理解她，就放心大胆地说："对呀，他不仅学习成绩优秀，而且长得很帅，还特别幽默，对我也很好，我们是真心相爱的。"

妈妈听后，抓住机会说："妈妈觉得你是个很有眼光、很有品位的人，所以妈妈不反对你的决定！"

听到妈妈的话，李萌开心地笑了。

"但是，"妈妈接着严肃地说，"你们现在年纪还小，对感情的事情充满好奇，妈妈不会阻止你和异性交往，但是有些事情你们这个年纪还不能做，不能因为好奇而做出伤害自己的事情。"

"伤害自己的事情？"李萌疑惑地问，"是什么事情？"

妈妈并没有直接回答，而是开始讲述她和爸爸的恋爱故事。"妈妈像你这么大的时候，喜欢上了你爸爸，你爸爸也对我有好感，我们自然而然地走到了一起。但是我们从未越界，直到新婚之夜，我们才把最纯真、最美好的自己给了对方。这是对自己负责，也是对所爱之人负责。妈妈希望你也能保护好自己，保护好你美好的爱情。爱的结晶应该在受到祝福的时候到来，你明白吗？"

李萌是个聪明的女孩，她立刻明白了，妈妈指的是不要过早发生性行为。她既感到羞涩，又对妈妈的理解和指导感到感激。她认真地点了点头，向妈妈承诺，一定会好好保护自己，也会珍惜和保护自己的感情。

## 成长指南

青春期是女孩生长发育的关键时期，她们的生理和心理都还在逐渐成熟中。如果在这个阶段过早地涉足性行为，可能会对身体健康和心理健康带来不利的影响。

青春期的女孩来了月经，就证明卵巢已经开始排卵，子宫也具备了孕育的能力。不过，刚来月经不久的女孩，卵巢、子宫、阴道发育还相对未成熟，再加上不会采取恰当的避孕措施，这个时候发生性行为，可能导致意外怀孕。在未成年时期意外怀孕，通常的解决办法是人工流产，这不仅对女孩的身体造成伤害，还会留下心理创伤。人工流产可能对女孩的子宫和阴道造成严重损害，甚至可能影响她们未来的生育能力。

在发育期间，女孩的生殖系统免疫力相对较弱，过早的性生活可能使病菌更容易侵入，引发阴道疾病，并且增加患宫颈癌的风险。研究显示，

20岁前结婚或有性生活的女性，宫颈癌的发病率是其他女性的4倍。

青春期的少女正处于学习、积累知识的黄金时期，以为之后实现梦想奠定基础，如果过早有性生活，可能会分散她们对学业的专注力，导致学业成绩下滑，进而影响到她们的未来和职业发展。

所以，未成年的少男少女涉足性生活是不成熟且不适宜的。家长应通过教育和引导帮助孩子建立正确的性观念和行为，而不是简单地用愤怒和惩罚来应对。这样不仅能够保护孩子的身心健康，还能够促进家长与孩子之间的信任和沟通。

## 青春加油站

### 如何避免在青春期过早发生性行为

**❶ 获取正确的性知识**

了解性知识是非常重要的，包括如何采取有效的避孕措施，以及在意外怀孕的情况下如何正确应对。

**❷ 培养个人兴趣和爱好**

发展个人兴趣和爱好，可以转移对性的过度关注。参与体育运动不仅能释放多余的精力，还有助于情绪的稳定。

**❸ 避免接触不良信息**

女孩们应该自觉远离那些可能带来性诱惑的色情内容，如不适宜的电影和书刊，以避免情绪波动和做出冲动行为。

## 15 怎么防止遭遇性骚扰

放学后，梓萌像往常一样，踏上了回家的公交车。车厢里挤满了人，她好不容易才挤到了车厢的后部。随着公交车的颠簸，梓萌感到身后似乎有一个人紧贴着她。起初她以为这仅仅是因为车上人太多，空间狭小，便没有过多在意。然而，随着公交车的每一次晃动，梓萌感觉到有一只手在触碰她，甚至似乎在捏她的臀部。这让她感到一阵恶心和不安。她回头瞪了那个男人一眼，希望他能意识到自己的行为不当并停止。让她稍微松了一口气的是，那个男人似乎注意到了梓萌的警告，他避开了她的视线，转身走到别的地方了。

回到家后，梓萌把自己关在房间里，心里充满了困惑和恐惧。她在想，这是不是就是所谓的性骚扰？如果再遇到这样的情况，自己应该怎么办？

### 🌱 成长指南

性骚扰，简单来说，就是一个人对另一个人做出一些带有性暗示的行为，而这些行为是对方不喜欢、不舒服或者不同意的，这就构成了性骚扰。

青春期女孩可能会遇到的性骚扰主要有以下几种形式：

**身体接触**。这种形式的性骚扰涉及不受欢迎的身体接触，比如在公共场合，如公交车、地铁或工作场所，有人故意紧贴着你，或者不请自来地触碰你，甚至强行搭你的肩膀或手臂。梓萌在公交车上的经历就是这样，她感到有人在故意触碰她，这让她感到非常不舒服和不安全。

**言语性骚扰**。这种性骚扰通过语言表现出来，可能包括对女孩讲述不适当的性话题，讲一些黄色笑话，或者对女孩的衣着和身材做出性方面的评价。这些言语看似无害，但实际上却是一种侵犯，让人感到尴尬和不尊重。比如，有人可能会说"你的裙子真性感"，这种评论即使没有恶意，也可能让人感到不舒服。

**非言语性骚扰**。这种形式的性骚扰不通过言语，而是通过动作、声音或表情表达。比如，有人可能会对女孩吹口哨，或者发出亲吻的声音，这些行为充满了性暗示。还有人会用肢体动作或手势传达性暗示，或者用不适当的眼神盯着女孩，甚至向女孩展示色情内容，这些都是对女孩的性骚扰。

**以性要挟**。这是一种更为严重的性骚扰形式，涉及将性服务作为交换条件，或者使用威胁手段强迫他人进行性行为。这种行为不仅侵犯了个人的自由和权利，而且可能构成犯罪。

对于女孩来讲，不管哪种形式的性骚扰都是不可接受的，无论在什么情况下，每个人都应该受到尊重。如果遭遇了性骚扰，首先要明白这不是我们的错，我们有权站出来说"不"，并且寻求帮助。这可能包括向信任的朋友、家人或专业人士寻求支持，或者向有关部门检举这种不当行为。记住，保护自己和维护自己的尊严是每个人的基本权利。

## 青春加油站

### 预防性骚扰的策略和行动指南

**❶ 增强自我防护意识**

深入了解性骚扰的类型和表现形式,培养自我防护的意识和能力。

**❷ 保持高度警觉**

在人多的公共场所或拥挤的交通工具上,保持警觉,对周围环境保持敏感和注意。

**❸ 选择适宜的着装**

根据场合选择合适的服装,避免穿着过于暴露,以避免吸引不必要的注意。

**❹ 坚定表达拒绝**

遇到不适当的言语或行为时,要勇敢地表达拒绝,清晰地表达自己的界限和不容忍的态度。

**❺ 与陌生人保持安全距离**

在与不熟悉的人交往时,保持一定的身体和心理距离,避免过于亲近。

**❻ 及时寻求帮助**

一旦遭遇性骚扰,不要犹豫,立即向周围的人求助,不要独自承受。

**❼ 掌握自救技能**

学习一些基本的自卫技巧,比如简单的防身动作,以及如何在紧急情况下保护自己。

## 16 艾滋病好恐怖

雯雯15岁那年,父母离异。母亲带着她,从遥远的家乡来到繁华的深圳。在这座城市里,母亲几乎把所有的时间都投入了工作。雯雯常常感到深深的不安、孤独和被抛弃感。

就在这时,几个校外的朋友闯入了她的生活。他们似乎无条件地接纳了她所有的情绪,无论是她与父母的矛盾、她的孤独,还是她对成人世界的不理解。他们成了她的朋友,她的依靠。

他们的关系迅速升温,雯雯开始和他们无话不谈。在这些朋友的鼓动下,她开始逃课,网吧成了她消磨时间的场所,游戏里的快意人生成了她的日常生活。她开始觉得,比起那些坐在教室里的"书呆子",她的人生似乎更加精彩。

随着时间的推移,雯雯的行为越来越"自由"。白天,她和朋友们在学校对面的小巷里聚在一起抽烟;晚上,他们则装成成年人,混在酒吧里喝酒、蹦迪。她的生活似乎充满了刺激和乐趣。

在这段浪荡的日子里,雯雯有了人生中的第一个男朋友。但很快,他们就厌倦了彼此,分手,然后寻找下一个。这样的生活,似乎让她感到一种莫名的满足。

然而,这一切并没有逃过母亲的眼睛。母亲注意到雯雯的肚子一天天隆起,而雯雯却以为自己只是长胖了。在深圳市某三甲医院,经过检查,雯雯被确认怀孕了。更糟糕的是,她还被确诊了艾滋病,而她当时甚至不知道艾滋病是什么。

第三章
两性密码：女孩要了解性和性行为

这个消息对母亲来说无疑是晴天霹雳。她很愤怒，有一瞬间，雯雯甚至觉得母亲想在医院揍她。但最后，母亲的手放了下去，转而抱着雯雯号啕大哭。她的嘴里不停地重复着："是妈妈的错，妈妈没有好好管教你。"

那一刻，雯雯感到了深深的悔意。这几年的浪荡生活，她花的都是母亲辛苦挣来的钱。如今，那些虚幻的快乐已经散去，留下的是长久的伤痛，而这一切荒唐的后果，却要母亲和她一起承担。

## 成长指南

一说到艾滋病，不少家长可能会觉得这个话题对孩子来说太沉重，甚至觉得它离孩子们的生活很远。但事实上，艾滋病是一个全球性的公共卫生问题，不容忽视。根据联合国艾滋病规划署2022年7月发布的《2022全球艾滋病防治进展报告：危急关头》，2021年全球新发艾滋病病毒感染病例约150万，有65万人因艾滋病相关疾病去世。截至2023年，全球约有990万艾滋病感染者。《前瞻性研究：15—24岁校外青少年艾滋病的空间分析（2010—2020中国）》指出，全世界每天有4000例新的艾滋病感染者，其中31%是15—24岁的青少年。

这些数字可能让人感到震惊，但它们提醒我们，艾滋病的威胁是真实存在的。为了保护孩子们的健康，我们不能再回避这个话题。通过宣传和教育，我们可以让孩子们了解艾滋病的严重性，学会保护自己，远离感染风险。这不仅是为了他们现在的健康，也是为了他们未来的生活。让我们一起行动起来，重视艾滋病的宣传教育，为孩子们筑起一道防护墙。

**什么是艾滋病？** 艾滋病，全称是获得性免疫缺陷综合征（AIDS），它是由人类免疫缺陷病毒（HIV）引起的一种严重的传染性疾病。HIV病毒会破坏人体的免疫系统，特别是影响CD4+ T淋巴细胞，这是我们身体抵抗疾病的重要部分。当免疫系统被削弱到一定程度，人就容易受到各种感染和疾病的侵袭。

**艾滋病的传播途径。** 艾滋病的传播途径主要有三种：性传播、血液传播和母婴传播。性传播是通过不安全的性行为；血液传播可能通过共用针具、注射器或者输入被污染的血液；母婴传播则是感染HIV的母亲传给婴儿，可能在怀孕、分娩或哺乳期间发生。

**艾滋病的治疗与预防措施。** 目前，艾滋病还没有彻底治愈的方法，但通过抗逆转录病毒治疗（ART）可以控制病毒，延长患者生命，提高生活质量。预防艾滋病的关键在于了解它的传播方式，采取预防措施，比如使用安全套、避免共用针具等。同时，定期进行艾滋病检测，及早发现和治疗，也是控制疾病传播的重要手段。

## 青春加油站

### 怎样预防青春期女孩感染艾滋病

① **普及性教育**

家长和学校应积极开展性教育，包括性生理、性心理、性道德和价值观的教育，帮助青少年建立正确的性观念。

② **了解艾滋病**

让女孩们了解艾滋病的传播途径、预防方法和相关风险，增强自我保护意识。

**❸ 培养健康的生活方式**

鼓励女孩们培养健康的生活习惯，避免不安全性行为和药物滥用等高风险行为。

**❹ 避免共用针具**

告诫孩子不要与他人共用针具，包括注射药物、做文身等使用针具的行为。

**❺ 怀疑感染尽早使用阻断药**

怀疑孩子可能感染艾滋病，应在医生的评估和指导下，于72小时内尽早使用阻断药，可有效减少感染风险。

## 17 有了性幻想,是不是就是个坏女孩

杨柳是一名初二的女生,担任班里的文艺委员,她平时酷爱看小说,尤其是那些言情小说。她经常沉醉于书中的世界,抱着书一看就是一整天,几乎不与旁人交流。对杨柳来说,这样的生活似乎并无不妥。

但最近,她开始感到一些心理负担,这一切都源自她所做的一个梦。这个梦让她感到困惑和压抑,她不知道该如何向父母启齿。

经过一段时间的思考,杨柳终于找到了一个合适的机会,向母亲倾诉了自己的心事:"妈妈,我有件心事一直压在心底。我做了一个梦,梦里我坐车去外婆家,我们班的男班长也在那辆车上。我跟他打了个招呼,车停了,一个我认识的外班男生上了车,坐在我前面,开始和我聊天。我注意到班长看起来不太高兴。后来我下了车,发现班长竟然跟在我后面……接着,我梦见班长吻我的鼻子,然后我们就……接吻了。突然,那个外班的男生出现在我们面前,大声说:'真不害臊!'我一下子就惊醒了。"

杨柳的脸上带着迷茫和不安,她不知道这个梦意味着什么,也不知道它为何会如此深刻地影响她的情绪。她希望母亲能给她一些指导和安慰。

### 成长指南

性幻想并不是只有男生才会有的,女生也一样会有自己的性幻想。通常,女孩们可能不会把这些幻想的细节告诉别人,哪怕是最亲近的父

母或者闺蜜。

有时候，女孩们会把自己暗恋的男生作为性幻想的对象，当然有时候也可能是一些看起来很有吸引力的男明星，或者根本没有具体身份，只是一些特定的形象，比如肌肉发达的男性、成熟的大叔或者阳光大男孩。女孩们会根据自己的喜好来构建这些形象。

虽然在现实生活中，女孩可能看起来比较被动，不太会主动提出自己的想法，但在性幻想中，她们可能会想象出很多新的场景和方式，比如在不同的地方尝试新鲜事物，或者和不同的人互动。

与男生相比，女生的性幻想可能更加细腻和浪漫。她们可能会幻想在美丽的海滩、安静的森林、古老的城堡或者浪漫的庄园里，和王子般的男主角共度美好时光。

在性幻想中，她们还会把自己想象成非常漂亮、身材完美、充满魅力的女性，能够轻易吸引男性的目光。她们希望自己像女王一样，有很多追随者，受到他人的崇拜。

尽管性幻想带来的感受可能是愉悦的，但幻想过后，一些女孩可能会感到内疚或自责，误以为自己思想不干净，有时甚至会错误地认为自己因此变成了一个"坏女孩"。实际上，性幻想不过是我们内心想法的一部分，它并不能定义我们的本质或品性。有性幻想并不意味着我们会在现实生活中采取任何不恰当的行为。

性幻想其实是一种普遍且正常的心理现象，我们通过这种无害的方式来探索和理解自己的性欲望和情感需求。认识到这一点，我们就能够更加积极地看待性幻想，减少内疚感，以健康的心态接受它是我们成长过程中的一部分。

## 青春加油站

### 青春期如何克制性幻想

① **参与体育活动**

运动是一种很好的转移注意力的方式，它不仅能够帮助你集中精力，还能释放内心的压力和能量。

② **培养兴趣爱好**

投身于自己喜欢的活动或爱好，如绘画、音乐、写作或手工艺，这些都能帮助你将思绪从性幻想上转移开。

③ **学习新技能**

学习新技能能够激发大脑思考，从而减少对性幻想的关注。

④ **参加社交互动**

与朋友和家人进行积极的社交活动，可以帮助你将注意力转移到人际关系和社交技能上。

⑤ **专注于学业**

将精力投入学习，设定学习目标，参与课堂讨论和小组学习，都能有效地转移注意力。

⑥ **练习冥想和深呼吸**

冥想和深呼吸能够帮助你放松身心，减少焦虑和杂念。

⑦ **限制接触诱因**

避免观看可能引起性幻想的电影、电视节目或书籍。

## 18 偷尝了"禁果"怎么办

露露是一名初三的学生,她在学校里成绩优异,品行良好,是班里的班长。她温文尔雅,具有一种大家闺秀的气质,这使得她成为许多青春期男生心目中的理想对象。

班上的小强,平日里行为不端,抽烟、喝酒、打架、翘课,几乎样样都干。然而,小强却对露露的大家闺秀气质深深着迷,开始对露露展开热烈的追求。起初,露露对这样的差生并不感兴趣,但小强坚持不懈,用各种方式逗露露开心,最终在一个放学后的傍晚,露露答应了小强的追求。

起初,他们的交往仅限于放学后手拉手一起走回家。但后来,小强在家中看了一些不良视频,开始对露露提出一些过分的要求。在小强的再三哀求下,露露在一个周末与小强发生了性关系。

由于他们年纪尚轻,对性行为的后果缺乏了解,也不知道采取避孕措施,两个月后,露露开始频繁出现呕吐反应,小腹也逐渐隆起。最终,事情无法再隐瞒,露露的父母带她到医院进行检查。检查结果显示,露露已经怀孕两个月了。这个消息让露露的父母感到震惊和绝望,他们无法理解,为何还在读初三的女儿会遭遇这样的事。

### 🌱 成长指南

青春期的女孩思想还很纯真,她们对爱情的理解往往不够成熟和全面。特别是那些自控力较弱的学生，更容易在恋爱关系中做出一些冲动的行为，比如偷尝禁果，而没有意识到这可能带来的严重后果。

对青春期女孩开展性教育和相关知识的普及至关重要。这不仅能帮助她们了解性健康的重要性，还能让她们知道在面临性侵犯风险时如何采取有效的避孕措施，以保护自己，减少可能受到的伤害。以下是四种常见的避孕方法：

**安全期避孕**

安全期避孕法实际上具有相当高的失败风险，不推荐女孩采用。据统计，其失败率可能高达47%。如果一定要选择这种避孕方式，那么，就要学会精确地计算安全期。

女性的排卵日期一般在下次月经来潮前的14天左右。从下次月经来潮的第1天算起，倒数14天或减去14天就是排卵日，排卵日及其前5天和后4天加在一起称为排卵期。

例如：

一个女性的月经周期为30天；

她上次月经开始的第一天是7月1日；

预计下次月经来潮：8月1日；

排卵日：大约在7月17日（8月1日往前数14天）；

排卵期：7月12日到7月21日（排卵日前5天和后4天）；

除了月经期和排卵期，其余的时间均为安全期。

**口服避孕药**

口服避孕药的避孕机制主要是通过抑制排卵、改变子宫颈粘液的性状来阻止精子穿透，从而达到避孕的效果。根据类型，避孕药可以分为三种：长效、短效和紧急避孕药。

长效避孕药每月只需服用一次，但由于它对激素水平的控制不够稳定，效果并不理想，因此在市面上已经较为少见。

第二种是短效避孕药，需要连续服用21天，不能间断，它目前是药物避孕方法中的常见选择。

第三种是紧急避孕药，它是一种事后的补救措施，应在性行为后72小时内服用以发挥效果。

需要注意的是，所有类型的避孕药都可能对身体产生一定的副作用，包括可能引起类似早孕的症状，如恶心、头晕、乏力、食欲不振、疲劳和呕吐等。此外，避孕药还可能导致白带增多、月经不规律、体重增加和色素沉着等问题。特别是紧急避孕药，由于其激素剂量较大，对身体的潜在伤害也相对较大，建议每年使用不要超过一次，并且不应作为常规避孕手段频繁使用。

**避孕套**

避孕套是以非药物的形式阻止受孕，主要用于在性行为中阻止精子和卵子结合。除此之外，避孕套也有防止淋病、艾滋病等性病传播的作用，因此也称安全套。它的避孕成功率达85%~98%，是较推荐的避孕方式。

**放置节育环**

对于已经生育并且没有再次生育需求的女性可以放置节育环。节育环主要是通过产生孕激素抑制精子和卵子结合成受精卵。节育环主要在局部发挥避孕作用，不会影响女性内分泌系统。节育环一般有效期在5~10年，是目前比较安全并且靠谱的避孕方式。

## 青春加油站

### 青春期女孩过早涉足性行为可能带来的危害

**① 增加患妇科疾病的风险**

青春期的女孩生殖系统仍在发育中,较为敏感和脆弱。如果过早开始性生活,且未采取适当的卫生措施,生殖系统容易受到细菌等病原体的感染,增加患阴道炎、盆腔炎等妇科疾病的风险。

**② 可能导致意外怀孕和人工流产**

缺乏正确的性教育和避孕知识可能导致青少年在没有准备的情况下怀孕。面对意外怀孕,如果选择人工流产,不仅对女孩身体造成重大伤害,如果手术条件不佳,还可能增加感染风险,甚至可能导致不孕。

**③ 增加性传播感染的风险**

性行为是性传播疾病的主要传播途径。过早涉足性行为且不了解或忽视保护措施的青少年,可能面临感染艾滋病、梅毒等性病的风险,这些疾病对健康的影响可能是长期甚至终生的。

**④ 影响价值观和人生观的形成**

青少年时期是形成个人价值观和人生观的关键时期。过早的性行为不仅会分散学习注意力,影响学业和个人发展,还可能对个人的价值观和人生观产生负面影响。

# 第四章

## 亲子关系：
## 和爸妈的日常相处

第四章
亲子关系：和爸妈的日常相处

## 19 不用你管，能不能别烦我

在羽桐小的时候，爸爸是她最亲近的人。她每天都跟在爸爸的身边，就像个忠实的小跟班。但自从羽桐进入青春期后，她突然变得有些难以捉摸，不仅不再像以前那样喜欢和爸爸待在一起，还经常和爸爸发生一些小摩擦。最让爸爸难以接受的是，羽桐的脾气变得异常暴躁，有时候一言不合就会摔门而去。最近，羽桐还学会了一些不雅的言辞，经常挂在嘴边。

面对女儿的这些变化，爸爸尝试用各种方式来引导她，耐心地给她讲道理，但羽桐并不愿意听，有时候还会显得不耐烦，对爸爸说："不用你管，能不能别烦我。"这让爸爸感到非常沮丧，有时候甚至控制不住自己的情绪，对羽桐进行了严厉的批评，甚至动了手。但这些行为并没有改善情况，反而让羽桐变得更加叛逆，似乎故意要激怒爸爸。看到爸爸生气，羽桐似乎就会感到一种莫名的满足。

现在，爸爸和羽桐之间的关系变得非常紧张，爸爸常常在夜深人静时思考：到底应该用什么样的方法来和女儿进行有效的沟通呢？

### 🌱 成长指南

羽桐的变化并非孤例，许多进入青春期的孩子经常会表现出一种反叛的态度，这常常让家长们感到束手无策，甚至感到自己对孩子的影响力正在减弱。这种反叛行为往往是孩子们在成长过程中，长期受到家长严格管控和压制的结果。

著名儿童心理学家夏洛特·布勒曾将青春期定义为"消极反抗期"。在这个阶段，随着女孩们身心的逐渐成长和成熟，她们可能会对生活持有一种消极反抗的态度，有时甚至会否定自己之前形成的积极品质。

从生理角度来看，青春期孩子的叛逆行为是由中枢神经系统的过度兴奋引起的。科学研究发现，当中枢神经系统的功能与周围神经系统相应部分的活动一致时，人的身心会处于和谐状态。然而，青春期的孩子往往中枢神经系统过于活跃，对周围环境的刺激，如他人的态度和评价，反应非常敏感和强烈，从而导致叛逆行为的出现。

她们会发现，自己不再是温顺、可爱的小女孩，而是情绪多变、喜怒无常，甚至有时会和父母发生争执的"叛逆者"。她们可能会开始说一些不雅的话，连自己都感到难以接受，更不用说父母了。

因此，对于这个年龄段的孩子，控制和训斥是不行的。父母需要认识到孩子对于尊重、平等和认可的渴望，并满足她们的心理需求，这样才能更有效地指导他们成长。父母们应该放下身段，成为孩子真正的朋友，深入探索孩子的内心世界，并尝试从孩子的视角来看待问题。通过这样的方式，父母不仅能够帮助孩子顺利度过青春期，还能够在她们的心中播下积极价值观的种子。

## 青春加油站

### 孩子叛逆，家长情绪控制小妙招

（1）深呼吸三次，心里倒数五秒。

（2）问自己为什么愤怒，这样才知道如何处理愤怒。

（3）避免极端的想法和话语，比如说我讨厌、你应该、你必须、你从来不、你总是怎样怎样……

（4）写一封愤怒的信或者电子邮件，但是不要发出去。又或者找纸笔，先写写画画。

（5）回忆过去与孩子相处的美好时光。

（6）做你最喜欢的运动。

（7）找本书看看，听听音乐，放松心情，抱抱你的宠物。

（8）如果你是刚下班，在你进屋之前，就先告诉自己不要生气，生气伤身体。

## 20 不准偷看我的日记

小羽是一名初中生,一天早上,她匆忙出门去学校,但没走多远就突然想起忘记带作业了,于是急忙转身跑回家。当她推开自己房间的门,惊讶地发现妈妈正在翻看她的日记本,抽屉都被打开了,好几本日记散落在床上。小羽愣住了,质问妈妈:"你为什么翻我的抽屉,偷看我的日记?"

没想到妈妈的怒气比她还大:"怎么了?我是你妈妈,看看你的日记有什么错吗?"

"可是你没有经过我的允许,这样做是不对的!"小羽愤怒地反驳。

"小孩子有什么允许不允许的,别忘了我是你妈妈。好了,快去上学吧!"妈妈不以为意地对小羽说。

这次事件之后,小羽为了保护自己的隐私,开始想尽各种办法对抗父母的窥探。她最喜欢的做法是把自己反锁在房间里,甚至放学后偷偷回家,让父母以为她还没回来。她觉得这种偷来的宁静特别珍贵,哪怕是片刻也好。

### 🌱 成长指南

青春期是充满秘密的时期,这些秘密不仅是女孩们自我意识增强的标志,也深刻影响着她们的心理发展。父母如何处理孩子的这些秘密,对她们的心灵世界具有深远的影响。

## 第四章
### 亲子关系：和爸妈的日常相处

在知乎社区，一场关于父母是否应该阅读孩子日记的讨论引起了广泛关注。网友们的意见大致分为两派。一些网友认为，孩子可能不会向父母坦白所有真实想法，因此通过查看孩子的手机或日记，父母可以更深入地了解孩子的社交圈和内心世界。他们认为，父母作为监护人，有责任保护孩子，防止他们误入歧途，因此有权了解孩子的所有想法和行为。

然而，另一部分网友持相反的观点：他们强调父母应该尊重孩子的隐私，不应在未经孩子同意的情况下查看他们的手机和日记。他们提倡换位思考，质疑父母是否愿意自己的隐私被侵犯，并强调孩子同样享有隐私权，应当得到尊重。

值得注意的是，倾向于允许父母查看的往往是父母本人，而认为这是侵犯隐私的则多是孩子或年轻人。

家长与孩子之间关于日记的争议，似乎是一个难以调和的矛盾。但作为家长，我们可以思考，了解孩子是否只有这一种方式？实际上，如果父母真诚地想要了解和关心孩子，可以通过多种方式实现。我们可以创造一个平等、开放的家庭沟通环境，鼓励孩子在家中自由表达自己的想法。

当我们希望孩子分享他们在学校的经历时，我们是否也应该与孩子分享自己的工作经历、趣事或童年回忆？分享是双向的，需要时间和耐心来培养。只要父母愿意投入时间和精力，陪伴孩子成长，关注她们的生活和学习，就无须通过侵犯孩子的隐私来了解他们。

为了赢得孩子的信任，父母首先需要尊重和信任孩子。当孩子感受到尊重和信任时，她们更愿意敞开心扉，与父母积极沟通。否则，这可能会伤害孩子的自尊心，破坏信任，甚至将孩子推得更远。

作为孩子的榜样，父母的言行会被孩子模仿。如果父母不尊重孩子的隐私，孩子也可能学会不尊重他人，无法正确把握社交的界限。这可能会影响她们未来的人际关系，甚至在婚姻和家庭生活中形成不良循环。

随着孩子的成长，她们会有一些不愿意与父母分享的小秘密，这是完全正常的。她们可能会通过手机或日记来记录这些秘密，这是她们与自我对话的方式。因此，父母不应出于好奇去窥探孩子的日记和手机，而应该在尊重和信任的基础上建立与孩子的沟通桥梁。

## 青春加油站

### 父母偷看孩子的日记违法吗

2020年修订的《中华人民共和国未成年人保护法》，于2021年6月1日儿童节这天开始实施。该法进一步压实了有关社会主体对未成年人的保护职责，扩充了保护措施，加大了保护力度。

该法第六十三条规定：任何组织或者个人不得隐匿、毁弃、非法删除未成年人的信件、日记、电子邮件或者其他网络通讯内容。除下列情形外，任何组织或者个人不得开拆、查阅未成年人的信件、日记、电子邮件或者其他网络通讯内容：

（1）无民事行为能力未成年人的父母或者其他监护人代未成年人开拆、查阅；

（2）因国家安全或者追查刑事犯罪依法进行检查；

（3）紧急情况下为了保护未成年人本人的人身安全。

第四章
亲子关系：和爸妈的日常相处

## 21 爸爸和妈妈的战争

自从晓晓上初一开始，家中就常常因为一些琐事而爆发争吵。这些看似微不足道的小事，却像滚雪球一样越滚越大，最终演变成了无法调和的矛盾。爸爸妈妈在经过无数次的争执后，作出了离婚的决定。

晓晓从小就是个听话的孩子，但随着青春期的到来，她的内心开始变得敏感和脆弱。父母的离婚对她来说，无疑是一次巨大的打击。她无法理解，为什么曾经充满爱的家庭，会突然变得如此冷漠和破碎。

晓晓开始感到害怕，她害怕失去那个曾经给予她温暖和安全感的家，害怕变得无依无靠。这种恐惧和疑惑让她在学习上无法集中精力，学习成绩开始直线下滑，从班级的前十名跌到了中下游。

更让人担忧的是，晓晓开始与校外的一些不良少年接触。她开始尝试化浓妆、染头发，这些叛逆的行为成了她对现状的一种无声抗议。她的内心充满了迷茫，不知道未来在哪里，也不知道自己该何去何从。

### 🌱 成长指南

不和谐的家庭环境对孩子的心理健康有着深远的影响，可能在孩子心中留下难以愈合的创伤。父母之间不和谐的关系，以致后来的争吵、闹离婚，孩子都会将其视为对自己的一种抛弃和伤害。更严重的是，孩子长大后，可能会出现性格缺陷，如自卑、敏感、怯懦，甚至暴力倾向。父母的不宽容和缺乏耐心也会摧毁孩子的自信心，其家庭观念也可能变得淡漠，不仅对家人冷漠，甚至产生社交恐惧，害怕与人交往。因此，为孩子营造一个和谐、安全的家庭环境至关重要。

如果夫妻双方都很生气，不小心在孩子面前吵了架，如何及时补救？

**明确吵架与孩子无关**。争吵结束后，父母应向孩子解释，争吵是大人之间的问题，与孩子无关。同时，请求孩子的谅解，并强调父母始终爱她。

**保持冷静，展现爱**。冷静下来后，父母应在孩子面前保持平和，通过拥抱、亲吻等肢体语言传达爱和关怀。同时，向孩子保证，无论发生什么，父母都不会离开她，给予孩子安全感。

**解释争吵的原因**。情绪稳定后，父母应向孩子解释争吵的原因，但要注意方式，只描述事实，避免抱怨，让孩子理解争吵并非针对她个人。同时，父母应意识到争吵可能对孩子产生的负面影响，避免让孩子感到自卑或疏远他人。

## 青春加油站

### 父母吵架了我该怎么办

**❶ 理解和宽容父母的争吵**

面对父母偶尔的争吵，作为孩子，我们应该学会理解和宽容。父母之间的小摩擦，有时候只是情绪的宣泄，是他们感情中的一点儿调味剂。

**❷ 及时介入制止争吵**

当父母发生激烈的争吵时，作为孩子，我们需要及时介入，用坚定而尊重的态度制止他们。可以大声提醒他们，然后表达自己的感受，但要注意措辞和情绪，尊重他们。

③ **暂时避开争吵**

可以选择暂时避开争吵，等他们冷静下来后再进行劝解。有时候，远离争吵现场，找朋友散心，也是一种避免烦恼的方法。

④ **充当和解的中间人**

尝试成为父母之间的调解者，帮助他们解决矛盾。如果父母处于冷战状态，可以分别与他们沟通，表达自己的想法和感受，劝说他们减少争吵。

⑤ **自己放宽心**

我们要学会放宽心态，不要将父母争吵归咎于自己，避免背负不必要的压力。对于经常争吵的家庭，孩子需要学会自我调节情绪，不要让父母的问题影响到自己的生活和心理健康。

## 22 这个家我待不下去了

倩倩是一名初中生，因为学习压力和生活琐事与妈妈发生了争执，情绪失控之下，妈妈动手打了倩倩。

第二天，妈妈发现倩倩放学后迟迟未归，电话也无人接听，还发现了一封孩子留下的"出走信"，信中表达了她的不满和离家出走的决心。

妈妈心里焦急万分，立刻联系了倩倩的爸爸，两人心急如焚地赶到了当地派出所寻求帮助。民警在了解情况后，立即行动，前往学校监控室查看监控录像。根据倩倩放学的时间，他们发现倩倩并没有回家，而是与一名女同学一同离开了。

民警随后联系了倩倩的老师和同学，了解倩倩平时的兴趣爱好和常去的地方。得知倩倩喜欢室内娱乐活动，民警联想到最近查获的一起盗窃案，嫌疑人经常出没当地的台球厅，那里经常有年轻的女孩出入。

于是民警便尝试联系台球厅的老板，不出所料，倩倩与她的同学就在这家台球厅里。民警立即告知倩倩父母女儿的位置，同时提醒倩倩父母在接回孩子后要注意沟通和教育方式。

倩倩的父母赶到台球厅，看到女儿安然无恙，心中的大石头终于落地。他们深感自责，意识到自己的教育方式可能过于简单粗暴。在民警的引导下，他们决定与倩倩进行一次深入的沟通。

第四章
亲子关系：和爸妈的日常相处

## 🌱 成长指南

青春期是女孩成长过程中一个极为关键的阶段，它标志着她们开始探索自我，寻求自我认同，并在内心世界与外部环境之间寻求平衡。在这个阶段，女孩们在情感和行为上可能会经历一些波动和挑战。因此，家长们需要深入理解女孩的心理状态，通过积极的沟通和适当的支持，帮助她们平稳地度过这个充满变化的时期。家长的陪伴和理解对于女孩建立自信、形成健康人际关系以及顺利过渡到成年期至关重要。

实际上，青春期女孩离家出走并非无端发生。她们作出这种决定的原因通常可以归结为几个方面：

（1）青春期的女孩自我意识增强，她们渴望拥有更多的个人空间和自主权。

（2）她们可能因为学业成绩不理想或面临巨大的考试压力而感到被误解和冤枉，从而产生强烈的逆反情绪。

（3）父母可能对女儿抱有过高的期望，这种"望女成凤"的心态可能给女孩带来额外的压力。

（4）父母只关注女孩的物质需求，而忽视了她们青春期心理发展的特点和情感需求，当女孩遇到问题时，父母往往采取极端的处理方式，如不问缘由的体罚或无休止的责骂和批评。

大多数女孩选择离家出走往往是出于一时的情绪冲动，而她们离家之后，内心深处往往期待着父母的宽恕和理解。面对这些处于青春期迷茫中的女孩，我们应当以宽容的心态去接纳她们的过失。

因此，当女儿未归且未提前告知时，父母应避免使用暴力或严厉的责备，而应采取表达宽容和理解的沟通方式，如"我为刚才的言行向你道歉""我非常担心你的安全""我真心希望你能和我分享你的想法"等。

> 通过这样的沟通，女孩们会感到自己被重视、被尊重、被理解，这有助于她们在心理上找到平衡。同时，这种宽容的表达也能激发女孩内心的愧疚感，使她们意识到自己的行为可能给家人带来担忧和伤害。在这种情感的触动下，她们离家出走的念头很可能会逐渐消散。通过建立基于理解和尊重的沟通桥梁，父母和女儿之间的关系可以得到加强，共同应对青春期的挑战。

## 青春加油站

### 父母如何预防和应对孩子离家出走

**❶ 保持冷静**

在最初的震惊和担忧之后，尽量保持冷静，以便更清晰地思考接下来的行动。

**❷ 寻找线索**

检查孩子的房间和个人物品，看是否有留下信件或其他线索，这可能提供孩子的去向或离家的原因。

**❸ 联系亲朋好友**

询问孩子的朋友、亲戚或老师，看他们是否知道孩子的下落或最近的行为变化。

**❹ 利用社交媒体**

检查孩子的社交媒体账户，看是否有更新或其他线索。

**❺ 报警**

如果孩子长时间未归，及时报警并提供孩子的详细信息和照片。

**6 不要立即责备**

如果孩子主动联系父母或返回家中，父母要保持冷静和理智，真诚地向女儿表达自己的愧疚、理解、宽容和关爱。

**7 倾听和理解**

给孩子一个表达自己感受和想法的机会，理解女孩的行为动机或目的。例如，她们表达愤怒、怨恨可能是想要获得关注。

**8 寻求专业帮助**

当女孩离家出走事件平息后，应及时让女儿和父母一同接受心理辅导，无论是为了孩子的心理健康，还是为了家庭关系的修复。

**9 反思和调整**

父母也需要反思自己的行为和家庭环境，看看是否有需要改进的地方，以减少孩子离家出走的可能性。

## 23 原来爸妈也会犯错

初中一年级的婷婷今天在课堂上受到了老师的表扬，直到放学她的心情都很愉快。然而，她还未踏入家门，就听到父母激烈的争吵声。情绪激动的婷婷冲进家门，对父亲大声斥责："你总是什么都不做，就知道和妈妈争吵！"

争吵声戛然而止，父母面面相觑，尴尬地看着婷婷。婷婷背着书包，冲进自己的房间，关上了门。

不久后，妈妈来到门前，轻轻敲门，试图与婷婷沟通。"婷婷，开门，妈妈想和你谈谈。"

婷婷拒绝开门，回应道："我不想听！"

妈妈解释说："爸爸妈妈有时也会因为生活琐事争吵，你不必太放在心上。"

婷婷反问："为什么你们总是吵架，而别人的父母却不这样呢？"

妈妈诚恳地道歉："是爸爸妈妈不对，妈妈向你道歉。"

尽管如此，婷婷仍然拒绝开门，妈妈也停止了敲门。接下来的几天，婷婷对父母的态度变得冷淡，像对待陌生人一样，故意不与他们交流，甚至不吃妈妈做的饭，而是去奶奶家解决饥饿。

妈妈无奈之下，去奶奶家费尽心思将婷婷哄回家，爸爸也买了婷婷喜欢的小熊玩具作为和解的礼物。尽管如此，婷婷仍然固执地不肯原谅父母，不愿意与他们多说话。每当父母尝试与她交谈时，她只是机械地点头，没有太多回应。父母的温柔话语似乎无法温暖婷婷的心，家中的气氛依旧冷清，这让父母感到困惑和无助。

## 🌱 成长指南

　　这个世上，不存在完美无缺的父母。每个人都有可能犯错，这是人生的一部分，没有人能够做到一生无过。许多父母可能难以接受自己的不足和错误，他们坚持己见，认为自己总是对的，结果却可能引起孩子的不满和疏远。

　　当孩子向父母指出他们的缺点和问题时，这不一定是对父母的不满，而可能是孩子希望父母能够改进，成为更好的人。父母在被孩子指出错误时，可能会感到尴尬，觉得被晚辈指出缺点是丢面子的事。但事实上，知道自己的错误而不去改正，才是真正的丢脸。很多时候，家庭矛盾的根源在于代沟。父母需要理解孩子，并及时纠正自己的错误，这样才能与孩子平等交流，同步前进。只有这样，父母和孩子之间才能有良好的沟通。

　　我们见过不少父母，他们固执己见，不愿面对自己的问题，而孩子则认为父母过于守旧，不愿与父母交流。长此以往，亲子关系可能会疏远，家庭也会失去和睦。因此，父母面对自己的错误时，采取正确的态度对家庭的和谐至关重要。

　　有些父母对孩子要求严格，却对自己宽容，这样的教育方式无法教会孩子自律。因为父母没有以身作则，没有为孩子树立好的榜样。他们只教会了孩子对别人严格，对自己宽容。

　　父母应该成为孩子的榜样。只有成为正直、诚信、优秀的父母，才能培养出优秀的孩子。父母是孩子的第一任老师，他们的言行在家庭中潜移默化地影响着孩子。只有父母以身作则，成为孩子的榜样，才能正确地影响和引导孩子，使他们成长为优秀、正直的人。

## 👍 青春加油站

### ❁ 父母犯错，向孩子道歉的正确方式 ❁

① **及时道歉，避免积怨**

当父母意识到自己的言行可能对孩子造成伤害时，应立即采取行动，与孩子进行沟通，不要等问题积累到难以解决的地步。及时道歉可以缓解紧张情绪，防止矛盾的进一步激化。

② **清晰表达歉意，避免含糊其词**

在向孩子道歉时，父母应该明确指出自己的错误所在，避免使用模糊或含糊的表达。真诚的道歉不应依赖于物质补偿，如礼物或金钱，因为孩子真正需要的是父母的理解和爱。过度依赖物质补偿可能会误导孩子的价值观，让他们认为金钱可以解决所有问题。

③ **给予孩子时间和空间消化信息**

道歉后，父母不应急于求成，期望孩子立即接受。应给予孩子足够的时间和空间去思考和消化所接受的道歉。只要父母的歉意真诚，孩子在内心平静下来后，自然会与父母进行沟通。

④ **专注于道歉，避免附加说教**

在向孩子道歉时，父母应专注于承认自己的错误，并表达出对孩子感受的尊重和理解。在这一过程中，父母应避免附加任何形式的说教或批评，因为这不仅可能加剧问题，还可能让孩子感到被冒犯或厌烦。道歉的目的是修复关系，而不是进一步地指责或教育。

## 24 为什么爸妈说一句我能顶撞十句

小雪一直是个乖巧懂事的孩子，从小学起，每次放学回家，她总是兴奋地向妈妈讲述学校里发生的点点滴滴。然而，自从她升入初中，情况似乎发生了变化。放学后，她不再像以前那样兴奋地和妈妈分享学校里的事，变得沉默寡言。妈妈感到了一丝失落，她觉得女儿与她之间的距离似乎越来越远，不再像以前那样依赖她。这种变化让妈妈心里有些不安。

一天晚上，这种不安终于爆发了。晚餐时，妈妈像往常一样仔细询问女儿今天在学校的表现，并叮嘱小雪期中考试要到了，要做好复习，并询问她是否需要帮助……

小雪突然粗声粗气地打断了妈妈的话："别说了！"

妈妈并没有在意，但女儿的声音更大了："不要说话！"

妈妈困惑地问："为什么不能说话？"

小雪带着哭腔说："我不想听你说话！"

妈妈认真地说："你不想听我说话可以好好跟我说嘛，为什么要这么大声呢？"

小雪情绪激动地回答："因为你太烦了，我已经忍你很久，实在忍不住了！"

妈妈试图缓和气氛："下次你早点跟我说，不需要忍的。"

小雪小声嘀咕："我怕我说了你会生气。"

气氛变得更加紧张，小雪又嫌妈妈熬的鱼汤里面有鱼子不好喝，便愤然离开了餐桌,留下妈妈一个人郁闷地吃饭。

妈妈的心情变得复杂,她既感到愤怒,也感到困惑和无助。

## 成长指南

每个父母都希望孩子能够懂事、听话,但现实往往并非如此。许多孩子在成长过程中会有顶嘴等叛逆的行为,这常常让父母感到生气和无奈。然而,孩子顶嘴背后往往有其原因,因此父母在面对这种情况时,应保持冷静,寻找问题的根源。

孩子为什么跟家长对着干?

**孩子心理发展的内在因素**。孩子通常有两个显著的叛逆期。一是大约2岁时,孩子开始形成自我意识,渴望独立;二是青春期,这个阶段可以视为心理上的"断乳期",孩子急切希望摆脱家长的保护和控制,自认为已经成熟,能够独立承担责任。然而,尽管他们有这种渴望,但他们的心智尚未完全成熟,这导致他们的行为可能显得幼稚。

**家长教育方式的外在因素**。除了孩子自身的心理变化,家长的教育方式也是导致孩子反抗的一个重要原因。一些家长可能过于控制,对孩子的学习和生活进行过度干涉,这不仅可能抑制孩子的独立性,还可能引发与孩子的矛盾和冲突。面对孩子不听话的问题,家长应该反思自己的教育方法是否适当。过度的说教和命令可能不会带来预期的教育效果,反而可能让孩子感到厌烦和抵触。家长需要寻找更加有效的沟通和教育方式,以促进孩子的健康成长和家庭关系的和谐。

## 👍 青春加油站

### 孩子总爱顶嘴，父母该如何应对

**① 注意话语的"度"**

在孩子6岁前，家长的话语具有极高的价值；而在12岁以后，家长过多的言语则可能变得无效。面对孩子犯错或者没考好，家长不要进行重复式的批评。一次两次可以，孩子可能还会自我反省；三次四次孩子就会不耐烦，听不进去，抵触家长的话，产生逆反心理。因此，家长应学会适时停止，避免过度重复唠叨。

**② 明确做事的目的**

在教育孩子的过程中，家长有时会不自觉地从针对当前问题的具体讨论，转变为对孩子过去行为的全面批评。这种从单一事件扩展到连带批评的做法，可能会让孩子感觉家长在有意无意地揭开他们的伤痛，从而引发孩子的反感和抵触。所以家长一定要围绕自己的目的展开论述，只对事，不对人。

**③ 考虑孩子的感受**

教育不应成为家长的单向灌输，而是要触及孩子的内心，与孩子建立情感上的联系。家长在与孩子的互动中，往往容易忽略孩子的内心世界，将孩子的反抗和抵触简单归咎于不听话或叛逆。孩子的抗议可能是在表达"我觉得你不对"或"你根本不理解我"，而家长需要超越表面的不服从，积极倾听孩子的想法和感受。

# 第五章

## 人际交往：
## 女孩该了解一点交际学

第五章
人际交往：女孩该了解一点交际学

## 25 懂礼仪的女孩更有魅力

欣欣今年刚升入初中，她结识了许多新朋友，并且收到了其中一位同学的邀请，去对方家中做客。她满怀期待地和朋友一起前往。当她走进客厅，看到桌上摆满了诱人的零食，她的肚子刚好饿了，便不假思索地伸手去拿。

但是，她的同学立刻提醒她，这样做是不礼貌的。同学告诉她，去别人家做客时，取用东西应该先征得主人的同意。同学还问她："你的爸爸妈妈没有教过你这些基本的礼仪吗？"

听到这些话，欣欣感到一阵失落。她的父母因为工作繁忙，经常不在家，所以她一直是由家里的保姆照顾。虽然在物质生活上她得到了充分的满足，但情感上的陪伴和教育却显得有些不足。

在家中，欣欣习惯了自由地取用任何东西，没有人告诉她需要在社交场合中遵守一定的礼仪。这次的经历给了她一个深刻的教训，她开始认识到自己在社交礼仪方面的不足，并决心学习如何更好地与人相处，融入集体。

### 🌱 成长指南

家庭教育中，培养孩子的礼仪意识至关重要。一个人的礼仪不仅影响他人对其的第一印象，更是其教养和素质的体现。良好的礼仪能让孩子在社会中受到尊重，建立和谐的人际关系，促进个人发展。

然而，一些家长过于重视孩子的学业成绩和技能培养，忽视了礼仪教育的重要性。他们认为孩子天真无邪，长大后自然懂得礼仪，这是一种误解。事实上，礼仪习惯的培养需要从小开始，一旦养成坏习惯，改正起来将非常困难。

家长应将礼仪教育融入孩子的日常生活，如谈话、游戏、洗漱、用餐等环节，坚持一贯性和一致性的要求，让孩子在实践中练习礼貌用语和礼貌行为，巩固礼仪习惯。同时，要教育孩子注意个人卫生，保持良好的站姿、坐姿和走姿，与人交谈时要认真倾听，避免沉默或喋喋不休。

家中来客人时，家长应指导孩子以主人的身份招待客人，如迎接客人、帮助放置衣物、请客人就座，并主动与客人交谈。客人离开时，要礼貌地送别。

去亲友家做客时，也要注意仪表整洁，谈吐文明，不经主人允许，不要随意动用主人家的东西，即使是至亲好友也要先打招呼，征得他们同意。用餐时遵守礼仪，告别时表达感谢……

在教育孩子时，家长应使用恰当的语言，避免尖刻的指责和消极的语言。与孩子对话时，要了解孩子喜欢的交流方式，选择合适的时机，避免唠叨和埋怨，以免伤害孩子的自尊。沟通时，要言简意赅，适时表达，让孩子心悦诚服地接受教育。通过这些方法，家长可以有效地培养孩子的礼仪意识，为孩子的健康成长打下坚实的基础。

## 青春加油站

### 一定要告诉青春期女儿的20条社交礼仪

（1）尊敬长辈，使用"您"而非"你"。

（2）学会倾听，避免急于反驳。

（3）尊重他人隐私，不随意滑动别人手机里的照片。

（4）进入他人房间前先敲门，得到允许后再进入。

（5）做客时，未经允许不随意走动或触碰物品。

（6）用双手接收或递送礼物。

（7）餐桌上等所有人到齐后再开始用餐。

（8）约会时提前到达，避免迟到。

（9）了解他人，但不随意评价。

（10）遇到陌生人打招呼，以微笑回应。

（11）别人讲话时，停下手中的事情，表示尊重。

（12）避免用食指指人，使用手掌。

（13）做客时，餐前餐后主动帮忙收拾。

（14）吃东西时不发出声音。

（15）夹菜时不翻动，不将菜放回盘内。

（16）不在背后议论他人。

（17）不随意索要他人物品。

（18）遇到他人交谈，不随意打断。

（19）无论何时，记得说谢谢。

（20）避免说脏话。

## 26 形象得体很重要

丽丽今年14岁，她有时会埋怨自己的父母，怨他们给她取了这样一个普通的名字。这与她在同学眼中的形象"时尚达人"一点儿也不匹配。

丽丽偏爱中性风格的明星，自从升入初中，丽丽剪去了长发，开始尝试自己的中性风格。她追求的是有个性的打扮，而不是成为谁的复制品。

又是一个周末，丽丽的父母都外出了，这让她感到自在，听不到父母对她穿着的唠叨和批评。她穿上了一双军靴，搭配了一条超短牛仔裤，一件露肩的马甲，再戴上一顶鸭舌帽，丽丽觉得自己看起来非常酷炫。随后，她还戴上了新买的耳钉。

为了展示自己的新造型，丽丽迫不及待地去找她的好朋友飞飞。丽丽在飞飞面前转了一圈，问道："怎么样，我这身装扮是不是很酷？"

飞飞赞叹道："太酷了，简直酷毙了！你知道的，丽丽，我们班很多女生都把你当作榜样，你引领了我们班的时尚潮流。不过，我的衣服都是妈妈买的，我可不敢这么穿。"

丽丽鼓励道："为什么不呢？我们都是青少年了，穿衣服就应该展现自己的个性。"

她们的对话被飞飞的妈妈无意中听到了，她觉得有必要纠正一下丽丽的看法："你们虽然正在成长，但穿着打扮还是要符合自己的年龄。个性，并不一定要通过奇装异服来表现！我知道你们这个年纪的孩子都希望引起别人的注意，但你们真的明白什么是真正的个性吗？怎样穿才算合适，可能你们还不太了解。"

丽丽好奇地问:"阿姨,我很想听听您的看法,我们这个年纪应该怎么穿才合适?"

## 成长指南

在这个互联网高速发展的时代,孩子们接触到新事物的机会大大增加。尤其是青春期的孩子们,在时尚装扮上表现得尤为热衷,有些孩子甚至牺牲学习时间,以投入更多精力在穿着打扮上。

面对这种情况,父母们往往感到困惑,不知道如何应对。如果你的孩子倾向于通过穿着奇特的服装来彰显个性,你可以这样做:

**引导孩子选择适合自己的服装**。作为父母,我们要让孩子明白,穿着得体比打扮漂亮更为重要。在不同的场合穿着合适的服装,在不同年龄阶段做适宜的事,始终保持衣着得体、举止自然优雅,这样的人往往更容易获得他人的尊重。穿着得体不仅是对自己的尊重,也是对他人的尊重。

**帮助孩子建立自信**。无论男孩还是女孩,过分追求奇装异服往往是缺乏自信的表现。父母应该帮助孩子认识到,真正的自信不需要通过外在的装扮来证明。鼓励孩子发现并欣赏自己的优点,而不是总是用自己的缺点去比较别人的长处。父母的认可和鼓励对孩子建立自信至关重要。

**教育孩子理解真正的美**。真正的美来自真实和自然。孩子们应该认识到,即使不化妆、不穿奇装异服,她们依然美丽,因为她们拥有青春的纯真。过分追求成熟或个性化的装扮可能会让她们失去这份纯真,反而不美。

> 总之，父母和教育者的角色是帮助孩子在追求个性表达和遵守社会规范之间找到平衡，培养她们对美的正确理解，帮助孩子建立一个自然大方、健康得体的自我形象。

## 青春加油站

### 青春期女孩的着装注意事项

**❶ 合身的尺码**

穿着不合身的衣服不仅不舒适，还可能影响身体的正常发育。因此，选择与自己身材相匹配的衣物至关重要。

**❷ 适度的保守**

在校园和公共场合，青春期女孩应避免穿着过于暴露的服装，以保持得体和适宜。

**❸ 面料的选择**

优先选择那些舒适、透气且柔软的面料，避免穿着可能刺激皮肤或引起不适的劣质衣物。

**❹ 色彩的协调**

在选择衣物颜色时，要考虑与自己肤色和个人气质的协调性，避免过于繁复或夸张的色彩搭配，以免显得过于追求时尚而失去个性。

**❺ 款式风格适宜**

根据个人的年龄段和身份，挑选适合的款式和风格，不必盲目追随时尚潮流，而应展现出自己的独特魅力。

**❻ 保持整洁**

青春期女孩应注重个人卫生，确保衣物整洁，避免穿着带有异味或可见污渍的衣物。

## 27 在承担中变成熟

小雅和父母一起外出游玩，一路上心情非常愉快。当爸爸停下车时，小雅已经急不可耐地跳了出来，满脸笑容。

爸爸锁好车门后，向她喊道："小雅，接着！"小雅听到声音，立刻伸出双手，接住了飞来的车钥匙。

"怎么给我呢？"小雅好奇地问。

"今天你来负责保管车钥匙。要保管好哟，不然我们可能就回不去家了。"爸爸微笑着说。

妈妈有些担心："还是我来保管吧，小雅要是弄丢了怎么办？"

妈妈的表情透露出明显的不放心，但爸爸的声音充满了信心："我相信小雅，她肯定能保管好的。对吧，小雅？"

小雅原本对保管钥匙有些犹豫，但听到妈妈怀疑她的能力，她燃起了一股斗志。

"妈妈，我可以的，一定能保管好。"小雅坚定地说，"爸爸妈妈，看我的，我把钥匙放进我的小包里，拉上拉链，绝对不会丢！"

妈妈似乎还想说些什么，但爸爸轻轻地拉了拉她的袖子，示意她放心。于是，整个游玩过程中，小雅不时检查她的小包，确保钥匙的安全。

游玩结束后，小雅将钥匙完好无损地交还给了爸爸。爸爸高兴地说："小雅真是个有责任心的孩子，钥匙保管得这么好，以后爸爸还会把重要的东西交给你保管。由你保管，我放心！"

第五章
人际交往：女孩该了解一点交际学

得到爸爸的赞扬，小雅感到非常开心，她大声回应："放心吧，爸爸，我一定会做得更好的。"妈妈也露出了满意的微笑。

## 🌱 成长指南

责任心是个人成长道路上不可或缺的内在动力。它如同一股潜流，悄然塑造着一个人的品格和行为。一个心怀责任感的女孩，随着时间的推移，将逐渐展现出卓越的自我管理能力和对他人的深切关怀。她将学会如何为自己的决策和行为承担后果，这种能力将使她在成年后能够清晰地认识自我，明确自己的社会角色和价值，从而拥有不断前进和实现自我价值的动力。

相反，如果一个女孩在成长过程中未能培养出足够的责任心，她可能会在成年后的生活中感到迷茫和困惑。她可能难以在社会中找到自己的位置，感受不到自己的价值和重要性，这将导致她失去追求卓越的动力，最终可能导致她的人生平庸无奇。

在家庭环境中，女孩作为家庭的一分子，在享受家庭给予的关爱和权利的同时，也应该承担起相应的家庭责任。这不仅包括参与日常的家务劳动，更意味着在家庭中扮演积极的角色，如帮助照顾弟妹、协助父母处理家庭事务等。通过这样的参与，女孩能够体会到承担责任的重要性，并在实践中学习如何履行责任。

父母在这个过程中扮演着至关重要的角色。他们应该通过积极的鼓励、合理的期望和适当的奖惩机制，来激励女孩履行她的责任。这种正面的引导有助于女孩建立起强烈的责任感，并在日常生活中不断强化。

对于青春期的女孩，父母尤其需要注意避免过度溺爱。父母应该鼓励女孩独立思考和行动，而不是替她们包办一切。例如，代替女孩整理书包或检查作业，可能会让女孩失去学习独立和承担责任的机会。父母应该允许女孩在安全的环境中犯错，并从中学习，这样她们才能够逐渐学会如何面对挑战和解决问题。

当女孩遇到挫折或失败时，如因错误受到惩罚、上课迟到或被老师批评，这些经历可以成为她们成长中的宝贵财富。通过承担这些行为的后果，女孩可以学习到如何从失败中吸取教训，认识到自己的行为如何影响自己和他人，进而培养出对社会的责任感。这种责任感将伴随她们成长为成熟的成年人，使她们能够在社会中发挥积极的作用，实现自我价值。

## 青春加油站

### 如何培养女儿的责任心

**❶ 从日常小事入手**

让女儿承担一些力所能及的家务劳动，如每天打扫自己的房间、洗碗等。这些日常的小责任能够帮助她逐步养成承担责任的习惯，并增强她的独立性。通过完成这些任务，她能体会到完成任务后的满足感和成就感。

**❷ 奖励与鼓励**

当女儿按时完成她的任务时，给予她适当的奖励或表扬。可以是一些小礼物，或是对她的努力和成果的肯定。这样的正向反馈能够激励她更有动力去承担责任，增强她的自信心和自我价值感。

❸ **角色扮演游戏**

利用有趣的游戏活动来培养她的责任感。例如，可以一起玩一些模拟家庭成员角色的游戏，让她在游戏过程中承担不同的家庭责任。这种角色扮演能够帮助她更好地理解责任的重要性，并在轻松愉快的氛围中学习如何承担责任。

❹ **示范与榜样**

作为父母，我们自身也要以身作则，展现责任感。通过自己的行为示范，让女儿看到承担责任的重要性，并从我们的行为中进行学习。比如，妈妈可以通过承担家庭中的责任，展示如何成为一个有责任心的人。

❺ **讨论与反思**

与女儿一起讨论责任的概念，让她反思自己的行为和决策。通过对话，帮助她理解承担责任的意义，以及它对个人成长和社会关系的影响。

## 28 今天我想去朋友家住

倩倩曾经是个温顺听话的孩子，然而随着她步入青春期，一切都开始悄然变化。升入初中后，倩倩的脾气变得难以捉摸，她开始对家庭生活中的小事表现出不满，甚至无端发泄情绪。她的注意力似乎被外面的世界所吸引，放学后很少专注于学业，经常与朋友们一起外出玩耍。

倩倩的母亲注意到了这些变化，她理解这是青春期的自然反应，因此尽量以耐心和理解来对待女儿。但随着时间的推移，倩倩的行为开始让母亲感到不安。她不仅开始晚归，有时还不回家过夜，周末更是难得见到她的身影。每当母亲试图限制她的行为，倩倩总是固执己见，甚至有时会在未经允许的情况下去同学家过夜。

某次，倩倩再次没有告知父母就去了同学家，母亲一直等她到深夜，最终不得不亲自去同学家将她带回家。这一行为激怒了倩倩，她觉得自己的自由受到了限制，与母亲陷入了冷战，连续几天都拒绝与母亲交流。

面对这样的情况，倩倩的母亲不知道该如何是好，心中充满了对孩子未来的担忧和对教育方式的疑惑。

### 🌱 成长指南

孩子们在小学高年级至初中这一关键时期，常常会对去同学家表现出浓厚的兴趣。无论是放学后、周末还是假期，她们都喜欢到同学家附近转悠，有时甚至希望能在同学家过夜。

家长们可能会疑惑：是不是自己家不够好，孩子才这么喜欢别人家？其实，背后的原因多种多样，但基本可以归纳为两点：

**好奇心的驱使。** 孩子们长时间生活在自己家中，对一切都习以为常，缺乏新鲜感。而同学家则充满了未知：不同的家庭布局、未读过的书籍、未曾去过的地方，甚至是家里不允许养的小动物。这些新鲜事物极大地吸引了孩子们，使她们渴望在同学家多停留，探索新奇事物，这是完全可以理解的。

**社交需求的满足。** 青春期的女孩虽然还未完全成熟，但她们对独立和自由的向往，以及与同伴建立深厚关系的需要，促使她们想更多地与同龄人交往。她们希望与志趣相投的同学建立深厚的友谊，分享秘密，形影不离。在这个阶段，朋友对她们来说尤为重要，有时甚至超越了家庭。为了与亲密朋友共度更多时光，她们可能会有意无意地选择在外过夜，享受与朋友们的亲密相处。

然而，青春期的女孩尚未达到成人的成熟度，她们在追求独立的同时，依然需要父母的引导和支持。面对诸如在外过夜等情况时，更需要父母的关注和参与。尽管女儿可能与朋友建立了牢固的友谊，但对方的家庭及其环境对女儿来说仍然是陌生的，存在一定的风险。

父母不能简单地禁止女儿在外过夜以防风险，这种做法可能会激发女儿的反抗情绪，导致亲子关系紧张，也不利于她们在青春期的健康成长。父母应该通过沟通和理解找到平衡点，既确保女儿的安全，又尊重她们的社交需求，并采取相应的措施来确保孩子的健康成长。

## 青春加油站

### 孩子想去朋友家住时，家长的应对建议

❶ **积极肯定**

首先要肯定孩子的想法，这表明她们正在发展社交能力，并且愿意与他人建立联系，这是成长过程中的一个重要方面。

❷ **讨论人际关系边界**

与孩子一起讨论如何界定与不同人的关系，让孩子理解人际交往中存在不同的界限和边界。解释家人与朋友的区别，以及与他们相处时的亲疏差异。强调家庭是一个私密空间，通常只与最亲近的家人共享，而留宿他人或在他人家留宿应当是出于特殊情况。

❸ **分析潜在的问题**

讨论留宿朋友家可能带来的影响，包括安全问题、对双方家庭的影响，以及可能对学业和日常生活的干扰。

❹ **学会拒绝**

如果孩子在理解了所有信息后仍坚持留宿，家长需要坚定地表达自己的立场。用温柔但明确的方式说"不"，同时解释为什么这个决定是必要的。家长的态度应该是坚决的，但也要体现出对孩子的尊重和理解。

❺ **观察和安抚**

在表达拒绝的同时，注意观察孩子的情绪反应。如果孩子感到失望或沮丧，家长应该提供适当的安慰，同时重申自己的爱和对孩子情感的认同。

❻ **提供替代方案**

为了缓解孩子的失望,家长可以提出替代方案,比如安排一个家庭游戏夜、电影夜,或邀请孩子的朋友来家里进行一次特别的聚会。

## 29 不要用说别人坏话来交换友谊

杨柳是一个缺乏自信的女孩。前段时间，她从小学升入了初中，很渴望能够在初中交到好朋友。可是过了一段时间以后，杨柳还是没有交到好朋友，她很伤心，不知道自己是哪里做得不好，为什么大家都不愿意理她。

有一次，她听见同桌燕燕和一个同学在说班上一个女生的坏话。她想，或许说别人坏话能够帮自己融入她们。于是，她加入了同桌燕燕她们的谈话，果然，燕燕和她说了很多话。杨柳开心极了，她觉得靠说别人坏话来交朋友是一个很有效的方法，她开始到处践行这种方法。

但是，好景不长，被杨柳说过坏话的同学很快就知道了杨柳的行为，她们感到很生气，质问杨柳为什么要说她们坏话。

最终，事情闹到了老师那里，老师问杨柳："杨柳，你都没有和这些同学接触过，你为什么那样评价她们呢？"

杨柳害怕老师怪罪，只能把自己真实的想法说了出来。老师听了以后很无奈，对杨柳说："杨柳，你这是非常错误的行为，你知不知道你说那些同学的坏话会对她们造成多么不好的影响？而且靠说别人坏话并不能结交到真正的朋友，只会让自己的内心更加孤独。"

杨柳听了老师的话，羞愧地低下了头。

### 成长指南

不在背后说别人坏话是每个人都应该遵守的基本道德规范。这不仅是因为无端的诋毁会严重破坏人际关系,还因为这种行为对我们自身的成长也是有害无益的。

在社会中生活,意味着我们要与他人建立联系。如果我们在背后说别人的坏话,就会破坏我们与他人之间的信任,而信任是人际关系中不可或缺的一部分。我们应该谨慎选择我们的言辞,在背后多说一些赞美别人的话,如果真的不喜欢某个人,或者对某个人有意见,我们可以保留自己的看法,不必说出来。

家长要引导女孩们认识到,每个人都有自己的优点和不足。我们不应该只看到别人的短处,而应该更多地去发现和欣赏别人的优点。这样,我们才能建立起真正的友谊和信任关系,让我们的生活更加美好和充实。

故事中的女孩杨柳非常渴望友情,但她没有通过真诚来结交朋友,而是选择了说别人的坏话来融入同学。最终,她不仅没有交到真心朋友,反而让大家越来越疏远她。

观察周围那些喜欢在背后议论他人的人,我们会发现他们的人际关系往往并不和谐。这些人往往不会只针对一个人发表负面评论,而是针对每个人都可能说些不中听的话,结果导致周围人都选择远离他们。

当我们赞扬一个人时,这份赞美很可能会传到他的耳中,他会从心底里感激你;相反,如果我们说了一个人的坏话,他很可能也会得知,这会导致彼此之间产生隔阂。因此,如果我们希望建立和维护良好的人际关系,就应该专注于发现并称赞他人的优点,避免对他人的不足进行无谓的批评。

记住,言辞如箭,一旦射出就难以收回。我们应该谨慎选择自己的言辞,确保它们能够传递正能量,而不是对他人造成伤害。通过积极的态度和建设性的交流,我们可以为自己赢得尊重和信任,从而建立起稳固和谐的人际关系。

## 青春加油站

### 怎么才能交到真心朋友

**❶ 发现共同点**

结交朋友的一个有效途径是寻找共同兴趣。加入学校社团、参与志愿活动或兴趣班，这些都能帮你遇见志同道合的人，并通过共同爱好加深彼此的了解。

**❷ 建立信任**

真诚与坦率是建立深厚友谊的基础。在交流中展现真实的自我，分享个人的想法和感受，同时尊重对方的隐私，不在背后说人坏话。

**❸ 倾听与关怀**

在人际交往中，主动倾听和关心对方至关重要。通过展现你的关心，让对方感受到你的友善，这有助于建立更深层次的关系。

**❹ 提供支持**

在朋友需要时提供帮助和支持，无论实际行动还是情感上的慰藉，都能加深彼此的友谊。

**❺ 保持沟通**

定期联系，分享生活点滴，相互鼓励。面对误解或冲突，及时沟通解决，维护友谊的长久稳定。

## 30 我的好闺蜜跟别人交朋友了

下午放学后，欣然正准备邀请她的好朋友小颖一起回家，突然听到有人在邀请小颖共进晚餐。

"小颖，晚上我们一起去吃饭吧。"

"好啊，反正我晚上也没什么安排。"

欣然转过身，发现是同班同学小莉。这时欣然心中涌起一股难以言说的失落感，决定独自离开。

小颖注意到了她，喊道："欣然，等等我。"

欣然装作没听见，继续前行。

小颖追上去问："欣然，你怎么了？"

欣然停下脚步，怒视小颖，说："别人对你好，你就跟人家做朋友去吧，还管我干什么！"

小颖困惑地说："发生什么事了？你这是怎么了？"

欣然气愤地说："我对你这么好，你为什么要背叛我？你还是不是我的好朋友？认识这么久，我现在才发现你是这样的人。"

说完，她头也不回地走了，留下小颖站在原地，不知所措。

第二天，小颖找到欣然，问："欣然，昨天到底发生了什么？你为什么要对我说那些话？"

欣然冷淡地回答："你自己想想。"

小颖说："你就直接告诉我吧，我昨晚想了一整晚也没想明白，我什么时候背叛你了？"

欣然冷冷地说:"小莉不是邀请你吃饭吗?有了她,你还会需要我这个朋友吗?"

小颖笑着说:"你怎么这么小气呢,我们是好朋友,但这并不意味着我不能和别人成为朋友啊。"

欣然生气地说:"那你去和她做朋友吧,以后别来找我。"说完,她再也没有理会小颖。

## 成长指南

占有欲是人类天性的一部分,会在社交互动中自然显现。然而,过分的占有欲往往适得其反,它不仅无法增进人际关系,反而可能导致朋友的疏远和关系恶化。

欣然和小颖的故事引起了许多人的共鸣,作为过来人的家长们也不例外。我们都曾经历过这样的时刻:当我们看到自己珍视的朋友与他人亲近时,心中难免涌起复杂的情绪,感到不安;当朋友外出而没有邀请我们时,我们可能会错误地将那个被邀请的人视为"第三者"。这种占有欲并非儿童所独有,它在各个年龄段都有所体现。作为父母,我们有责任采取积极的行动,帮助孩子克服这种强烈的占有欲,培养她们更健康、更成熟的交友观念。

**理解并引导孩子**。当孩子感到被朋友忽视时,首先要耐心倾听她们的感受。然后向她们解释,每个人都有权利拥有多个好朋友,不必将朋友局限于一个人。鼓励孩子尝试与更多的同学建立友谊。比如,可以这样引导孩子:"妈妈知道你把她当作最好的朋友,但她也有权利选择其他朋友。我们都有自己的朋友圈,你也可以和其他同学成为好朋友哟。"

**尊重朋友的选择**。无论孩子还是成人，都可能因朋友的选择而产生困惑。我们应该教育孩子，尽管我们为友谊付出了很多，但每个人都有选择的权利。如果觉得自己的付出没有得到应有的回报，可以选择放手，这样对自己和对方都是一种解脱。

**保持适当的距离**。我们要告诉孩子，占有欲强并不是一件坏事，它表明我们珍视这份友谊。但是，我们不能让这种重视变成束缚他人的枷锁。好朋友之间也需要保持一定的距离，给予对方足够的私人空间。即使是最好的朋友，也需要自己的空间。我们不能用自己的感情去限制别人。只要我们对自己的行为问心无愧，就已经足够了。真正的朋友，即使不经常联系，也会在心里惦记着对方。放宽心胸，我们会发现生活变得更加美好。

## 青春加油站

### 好朋友结交了新伙伴怎么办

**① 保持自信和独立**

朋友结交了新伙伴并不表示你失去了她们。保持自信，独立生活，不要过分依赖朋友，学会自我充实和独立解决问题。

**② 扩大自己的社交圈子**

除了现有朋友，不妨尝试结识更多新朋友，拓宽你的社交圈。这不仅能够增加你的社交支持，也有助于提升你的独立性和自主性。

**③ 共同参与活动**

与朋友一起参与旅游、聚会或运动等活动，可以加深彼此的友情。这样的互动有助于你们更深入地了解对方，加强情感纽带。

④ **尊重彼此的社交需求**

尽管你们是亲密朋友，但每个人都有自己的社交需求和偏好。尊重朋友的选择，避免试图控制或限制她们的社交生活。

⑤ **学会接受变化**

朋友关系随时间变化是自然现象。学会接受这些变化，不要固守过去的友谊模式，而是要积极拥抱新的可能和未来的发展。

# 第六章

## 文明上网：
## 避免网络带来的健康风险

## 31 妈，我想见一个网友

这天，初中生小雅兴奋地向妈妈宣布，她计划去见一个网上结识的朋友。妈妈一听，心里立刻紧张起来。毕竟，小雅和这位网友只是通过屏幕交流，对方自称与小雅年龄相仿，但网络世界充满未知，妈妈担心这背后可能隐藏着风险。

小雅察觉到妈妈的担忧，她坚定地回应说："妈妈，我知道你担心，但我确信她不是坏人。实际上，她家离咱家很近，我们打算一起打网球，增进了解。"

妈妈看着小雅坚定的眼神，意识到直接禁止可能适得其反。她决定换个方式，温和地问小雅："我理解你的兴奋，但你还小，我自然担心。你在学校不是有很多好朋友吗？为什么非要见这位网友呢？"

小雅解释说："我们都喜欢网球，已经约定每个周末一起打球。这次见面，只是想先认识一下。"

了解到小雅的真实想法后，妈妈没有再反对。但在小雅去见网友的那天，妈妈还是决定暗中跟随，默默守护女儿的安全。她发现，对方女孩的妈妈也跟来了，同样是出于对女儿的关心。

小雅回家后，笑着对妈妈说："妈妈，还是你最好。我网友的妈妈都跟来了，她担心我会对她女儿不好。"

## 成长指南

在成长的道路上，我们不可避免地渴望与他人建立联系，这是我们融入社会、实现个人社会化的关键一步。青春期的孩子们，正处于自我意识觉醒的宝贵时期，他们追求独立、尊重，以及与成年人平等对话的权利。因此，孩子们渴望去见网友，虽然这可能让父母感到忧虑，但这也是他们成长过程中自然产生的需求。

然而，决定去见网友并不是一件可以轻易做出的事情。在采取行动之前，我们需要冷静下来，进行深思熟虑。首先，我们可以列出一个问题清单，帮助自己理性地评估这次见面。问问自己：我对这位网友了解多少？他给我的感觉如何？除了探索新事物、享受美食、深入交流，我还有其他的目的吗？如果对方提出不合理的要求，我该如何回应？

我们与网友的相识是基于虚拟的网络环境，他们提供的信息可能并不全面。作为年轻、纯真的女孩，我们可能倾向于从积极的角度看待世界，但在安全问题上，我们必须更加审慎。基于对上述问题的认真思考，给自己这次见面的安全性打个分，这是对自己负责任的表现。

人与人之间的联系建立在信任的基础上，但这种信任需要在相互了解和熟悉的过程中逐步建立。对于这位网友，他在我们的真实生活中仍然是一个陌生人。父母作为经验丰富的成年人，自然会对这种见面的安全性持谨慎态度。父母的第一反应往往是出于对孩子深深的关爱和对孩子安全的担忧。

父母不会反对孩子们之间的正常交往，但安全性始终是他们首要考虑的因素。特别是与异性交往时，初次见面最好不要单独行动，可以邀请朋友一同前往。在社交过程中，学会保护自己是非常重要的，同时也要确保父母了解自己的行踪和计划。

> 无论与谁交往，我们都应该明确交往的目的，考虑这种交往是否会影响我们的学业，以及是否能够带来积极的影响。与异性交往时，更要注意避免情感上的过度投入，保持交往的健康和积极性。
>
> 总之，社交是成长的一部分，但安全和自我保护同样重要。在追求独立和社交的同时，我们也应该学会理性分析，作出明智的选择。这样，我们才能在成长的道路上，既享受社交的乐趣，又确保自己的安全。

## 👍 青春加油站

### 青春期女孩与网友见面，注意三要三不要

**❶ 三要**

（1）要了解对方信息：在见面之前，尽量多了解对方的信息，包括但不限于社交媒体上的公开资料，以及通过对话获取的个人信息。确认对方的身份和背景，确保其真实性。

（2）要告知家人或朋友：无论见面的地点和时间，都应该让至少一个家人或朋友知道。这样，如果发生任何问题，有人知道我们的行踪和计划。

（3）要选择合适的地点：选择公共场所见面，如咖啡馆、餐厅或购物中心等。避免在私密或偏僻的地方见面，以减少潜在的风险。

**❷ 三不要**

（1）不要单独行动：初次见面时，最好不要单独前往。可以邀请一个或几个朋友陪同，或者至少让一个朋友知道我们的行踪。

（2）不要泄露过多个人信息：在见面之前，避免向对方透露过多的个人信息，如家庭住址、学校信息或财务状况等，以防个人信息被滥用。

（3）不要忽视直觉：如果见面时感觉不舒服或有任何不安全的迹象，相信自己的直觉，立即离开现场，并通知家人或朋友。

# 第六章
## 文明上网：避免网络带来的健康风险

### 32 停不下来的游戏

静宜在中学时期以优异的成绩考进了学校，排名全年级第二。然而，就在那一年，她接触到了网络游戏，并迅速沉迷其中。她将家里给的生活费都用在了网吧，甚至宁愿吃泡面也要多玩一会儿。她曾听说打游戏可以赚钱，也开始抱有这样的想法。

但现实很快给了她沉重的一击。她发现，即使是网吧里打得最好的人，在职业玩家面前也显得如此渺小。那些靠打游戏过得很好的人寥寥无几，甚至比清华北大的录取率还要低。职业玩家的手速极快，他们每天要花十几小时练习一个基础操作；即使输了、烦了，甚至带着病痛，他们也要继续坚持。

这些经历让静宜深刻地认识到，任何爱好一旦变成了职业，就不再是简单的娱乐。任何耀眼的成功背后，都需要付出超出常人的努力，这种努力并不比学习来得轻松。现在，静宜已经很少玩游戏了，也不再幻想通过游戏赚钱。她清楚地知道，自己只是一个普通的玩家。

### 🌱 成长指南

在数字化时代，手机和电脑已经成为我们生活中不可或缺的一部分。网络不仅为人们的工作生活带来了便捷，也带来了许多问题。其中，最令家长们感到头疼的，就是孩子沉迷于网络游戏。游戏成瘾不仅会影响孩子的正常学习生活，甚至还会对孩子的身体健康造成影响。

然而，当家长试图制止孩子沉迷游戏时，往往收到的是孩子的不满、抵触和反抗。这不禁让人思考：游戏究竟为什么那么吸引孩子？游戏对青少年的吸引力究竟源自何方？

网络游戏之所以能吸引孩子甚至成年人，是因为游戏设计者会着重分析玩家的心理需求，并在游戏中尽量满足他们。比如，男孩子天性喜欢冒险、斗争、征服，而女孩子则喜欢换装、化妆、跳舞。这些需求在日复一日的学习中难以得到的满足，通过游戏可以轻易实现。

在现实生活中，成功往往需要天时、地利、人和，而且付出努力后并不能立竿见影。但在游戏中，这样的规则几乎不存在。游戏设计者会给予玩家最大限度的主宰权，游戏里的目标很快能够达成和实现。这样一来，玩家会快速获得在现实中难以获取的成就感和胜利的快感，从而产生继续玩下去的动力，最后沉溺其中。

沉迷于网络游戏的青少年由于长期缺乏社会沟通和人际交流，往往会把虚拟的网络世界当成现实生活，逐渐对网络世界产生心理依赖。这种情况轻则影响学习、身体，重则影响心理健康，甚至影响其一生的发展。

因此，家长一定要为孩子的健康成长保驾护航。对于今天的青少年来说，网络空间是他们学习、社交、娱乐的重要场景。想让孩子完全不接触网络、不接触游戏几乎是不可能的。但家长可以通过帮助孩子树立正确的网络观，教孩子正确使用网络，与孩子制订用网、玩游戏的规则，带孩子出去玩转移孩子注意力等方式引导孩子合理利用互联网，适度娱乐。

在家里，也要尽量避免对孩子的指责和否定，用正确的教育方式对待孩子，避免孩子自尊心、自信心受挫，找不到自我价值，从而扎根网络。

## 青春加油站

### 青春期女孩沉迷网络的六大警示信号

**❶ 上网时间增长**

孩子最初可能只需短时间上网就能得到满足，但随着时间推移，她们可能需要越来越长的上网时间来获得同样的满足感。这种对上网时间需求的增加可能是成瘾的早期信号。

**❷ 兴趣转移**

如果孩子曾经热衷于逛街、唱歌或跳舞等活动，但现在对这些活动失去兴趣，而只愿意花费数小时上网，这可能表明她们对网络产生了依赖。

**❸ 控制力减弱**

网络成瘾的孩子往往难以控制自己的上网行为。即使父母限制她们上网，她们也可能表现出不满或其他不良行为。

**❹ 撒谎行为**

成瘾可能导致孩子撒谎，比如隐瞒自己的上网行为，偷偷在卧室或隐蔽地方上网，或通过欺骗家人以获得更多上网时间。这些行为都是成瘾的明显迹象。

**❺ 回避负面情绪**

网络成瘾的孩子可能会利用上网来逃避负面情绪，如悲伤、压力或焦虑。例如，孩子在与他人发生争执或与父母争吵后立即上网，这可能说明她们在用网络来应对负面情绪。

**6 社交和学业受影响**

成瘾可能导致孩子在社交和学业上出现问题,如失去重要朋友和学习成绩下降。过度上网的孩子可能会逐渐与现实世界隔离,影响她们的人际关系和学业表现。

第六章
文明上网：避免网络带来的健康风险

## 33 糟糕，我上当了

初二女生小美，偷偷拿妈妈的手机刷微博，享受着网络世界带来的无限乐趣。突然，一条评论吸引了她的注意："××视频点赞，一个视频8.88元！想赚钱的快报名。"对于小美来说，这是一个不小的诱惑，她心动了。

小美没有多想，随手回复了一个举手的表情包，表达了自己的兴趣。不久，她就收到了对方的私信，要求她给某个视频点赞。小美按照对方的指示完成了点赞，并将截图发送给对方。对方似乎很守信用，立刻给予了她一定的报酬。

然而，这只是开始。对方接着告诉小美，为了更高效地完成任务，需要她下载一款云会议软件，并开启屏幕共享功能。小美没有怀疑，按照对方的指导一步步操作。接着，对方引导她将母亲银行卡里的钱充值到微信钱包里，然后告诉她需要将这些钱转到另一张银行卡中以完成所谓的"任务"。

在这个过程中，对方向小美要验证码，小美没有意识到这可能是个陷阱，便告诉了对方。她并不知道，自己的这一举动已经将她和母亲的财务安全置于风险之中。

不久，小美的母亲发现自己银行卡里的钱不翼而飞，共计34 978元。意识到可能遭遇了网络诈骗，她立刻报了警。

## 成长指南

在当今社会，诈骗手段层出不穷，它们无孔不入地渗透到人们的生活中。特别是那些缺乏社会经验、思想单纯、防范意识薄弱、对外界警惕性不高、好奇心强的青春期女孩，她们更容易成为诈骗分子的目标。因此，家长们在日常生活中应该加强对女孩的提醒和教育，帮助她们提高警惕，避免被花言巧语所迷惑。

为了避免女孩上当受骗，家长们可以采取以下教育方法：

**告诉女儿"占便宜的事不做"**。我们需要教育女儿树立正确的价值观。告诉她，成功和收获需要付出努力和时间，没有不劳而获的事情。社会上那些看似轻松赚钱的机会，往往隐藏着陷阱。通过讲述一些真实的诈骗案例，让女儿明白贪图小便宜可能会带来大麻烦。

**教会女儿识别各种骗术的方法**。教会女儿识别各种常见的诈骗手段，如电话诈骗、网络诈骗、虚假广告等。教授女孩识破骗局的方法，比如通过破绽发现法，教育她们细致分析，识别诈骗中的逻辑漏洞；苦肉计识别法，提醒她们对故意示弱的求助者保持警惕，不为虚假乞求行为所动；表情洞察法，训练她们观察对方表情的自然度，对表现不自然的人果断说不；等等。父母可以通过一些模拟练习，让女儿在安全的环境下体验如何识别和应对诈骗。例如，模拟接到一个诈骗电话，让女儿尝试识别并拒绝。

## 青春加油站

### 揭秘针对中小学生的常见诈骗手段

**① 电话手表诈骗**

诈骗者可能会盗取孩子的电话卡并转售，用于非法活动。家长应教育孩子不要随意借出电话手表或手机，若发现电话卡丢失或被盗，要立即挂失并报警。

**② 班级群诈骗**

诈骗者冒充老师，通过班级群以收取费用为名诱骗家长转账。家长应指导孩子在遇到此类情况时，及时与老师核实，不轻信未经确认的信息，避免盲目转账。

**③ 网络游戏诈骗**

诈骗者利用免费游戏皮肤等诱饵，诱使未成年人添加客服，然后以财务冻结为由，威胁未成年人配合操作，否则起诉其父母。家长需提醒孩子，对于此类威胁不要害怕，应立即告知家长。

**④ 网络追星诈骗**

未成年人可能在网络上通过粉丝群得知，支付一定金额即可购买偶像签名照。家长应教育孩子，对于此类信息要保持警惕，避免因追星而落入诈骗者的圈套。

## 34 远离黄毒，不让自己掉入深渊

晚上11点，澜澜轻手轻脚地走出房间，确认父母已经熟睡后，她回到房间打开了电脑。尽管她曾多次告诫自己要远离那些诱惑，但今夜，她的好奇心再次战胜了理智。她浏览着那些她知道不应该触碰的网站，沉浸在成人小说构建的虚拟世界中。

每当屏幕上出现令人心跳加速的情节，澜澜的脸颊就会不由自主地泛起红晕，她既被故事中的情节所吸引，又担心父母会突然闯入。

时间一分一秒地过去，澜澜终于在半小时后强迫自己关闭了电脑。她的心情复杂，既有对自己行为的自责，也有对自己无法控制欲望的无奈。她开始怀疑自己，是否已经成了一个放纵自我的人。

随着时间的推移，澜澜发现自己在课堂上越来越难以集中注意力，她每天的思绪总被那些不适宜的内容所占据，上课时无法专心，与异性接触时，脑海中也会不自觉地浮现那些画面，有时甚至产生了想要尝试的冲动。这让她每天都感到痛苦和煎熬，仿佛自己的秘密随时都可能被人发现。

一天，澜澜带着沉重的心情回到了家。她向妈妈简短地打了个招呼，便回到了自己的房间。一推开门，她惊讶地发现自己的电脑已经从笔记本换成了台式机。正当她准备去询问父母时，妈妈走了进来，坐在她身边，温柔地说："澜澜，这是妈妈给你换的新电脑。你已经长大了，遇到什么问题都可以和妈妈分享，不要因为一时的好奇而作出可能会后悔的决定。"

澜澜的脸上顿时涌上了羞愧的红潮，她意识到妈妈可能已经察觉到了什么。

## 🌱 成长指南

青春期是一个身心迅速发展、情感波动较大的阶段，女孩们开始对异性产生好奇，但同时也容易受到外界不良信息的影响。澜澜因为好奇心而沉迷于成人小说，导致她上课时无法专心，学习成绩开始下滑，人也变得沉默寡言，内心充满了自责和无法控制的思绪，总是想要不断地寻找那些内容。

这些情况往往是因为青春期的孩子过早接触到不适宜的内容所引起的。因此，父母在孩子青春期时，应该更加注意对孩子进行正确的性教育。

**孩子的性教育至关重要**。如果孩子对异性一无所知，她们在青春期时会对异性产生强烈的好奇心，一些自控力较差的孩子可能会主动去寻找答案，这可能导致她们早恋或接触不良内容。由于传统观念的影响，父母往往很少向孩子解释男女生理结构的差异，而学校的性教育课程也常常是表面化的，无法让孩子真正理解。所以父母需要更新自己的观念，在孩子还未完全理解性别概念时，就向她们解释男女之间的差异，包括生理构造和心理上的差异。让孩子明白，随着成长，她们将与异性建立关系，而现在她们的主要任务是什么，应该如何行动。当孩子理解了这些后，她们对异性的好奇心就会减少，也不会主动去寻找不适宜的答案。

**父母应避免孩子接触不良内容**。随着社会的发展和思想的开放，电视和网络上的一些内容可能会过于露骨，父母应该帮助孩子进行筛选，减少她们接触过于暴露的画面，比如电视节目中的亲密镜头，或者网络上的不雅图片和视频等。

**培养孩子的道德修养。** 多给孩子提供科技和学习类的书籍，以丰富她们的课余生活。当孩子询问有关男女关系的问题时，父母不应回避，而应该坦诚地回答，避免给孩子造成心理上的负担。

## 青春加油站

### 青春期女孩，这些东西不要碰

**1 暴力和恐怖元素**

青春期女孩不宜接触暴力恐怖内容，应限制观看和玩相关电影和游戏。

**2 性暗示内容**

过早或不当接触性暗示内容可能对女孩们的心理健康造成不良影响。应避免接触不雅图文视频，以免影响心理健康。

**3 网络霸凌和恶意评论**

学会安全上网，避免个人信息泄露和网络暴力，保护自尊和心理健康。

**4 风险社交行为**

避免危险社交活动，如夜出或与陌生人见面。

**5 不健康的饮食**

每天的饮食应营养均衡，少食快餐和含糖饮料，选择健康绿色食品。

第六章
文明上网：避免网络带来的健康风险

## 35 不做低头族

欣欣曾是学校里表现优异的学生，但近期老师发现她上课时总是显得心神不宁，似乎总是分心。面对老师的询问，欣欣总是轻声回答说没什么。老师最初猜测她可能是因为学习压力大而感到疲倦，然而，真相并非如此简单。

自从拥有了手机，欣欣对学习的热情逐渐减少。课堂上，她经常偷偷给同学发信息聊天，放学后更是迫不及待地躲进被窝，沉迷于手机游戏和小说。一天课上，当她正准备好好听课时，手机突然响起，老师走到她身边，轻声提醒她上课时应该关闭手机，甚至最好不要带手机到学校。

但欣欣已经对手机产生了强烈的依赖，她成了一个不折不扣的"手机控"。无论是阅读小说、聊天，还是自拍、浏览购物网站，她总是手机不离手。这种沉迷导致她的成绩直线下降。尽管老师多次耐心劝导，但她似乎已经对学习失去了兴趣。最终，老师不得不通知她的父母，让她暂时回家休息和调整。

### 成长指南

智能手机已成为我们日常生活中不可或缺的工具，它在沟通、娱乐和教育等多个领域发挥着重要作用；但随着应用智能化的深入发展，它也给青少年带来了新的挑战。由于自控能力较弱，青少年容易沉迷于手机游戏，这不仅可能损害视力和颈椎健康，还可能对他们的整体健康造成长期影响。

长时间低头操作手机，可能会导致视力下降和颈椎病，这些健康问题可能会长期影响孩子的生活质量。据国家疾病预防控制局监测数据显示，2022年我国儿童青少年总体近视率高达51.9%，其中初中总体近视率为71.4%，高中总体近视率为81.2%。青少年颈椎病的发病率也不容小觑，我国超过1.5亿人患有颈椎病，80%以上的青少年的颈椎处于亚健康状态。例如，苏州一名高二女生因长时间低头使用手机，导致颈椎间盘突出严重，引发了脊髓型颈椎病。

手机的搜索功能虽然便捷，但过度依赖可能会削弱青少年的独立思考和解决问题的能力。同时，手机上的娱乐内容很容易分散他们的注意力，影响学习效果。

因此，为了孩子们的健康和安全，我们需要培养其健康的手机使用习惯，避免他们长时间低头使用手机。在需要集中精力的场合，如学习或过马路时，应将手机收好，专注于当前任务。我们还可以通过提醒孩子定时休息、调整使用手机的姿势、进行颈椎锻炼等，来减少长时间低头使用手机带来的负面影响。

女孩们要增强自我管理能力，合理利用手机，在享受科技便利的同时保护我们的身体健康。通过这种方式，我们就可以在享受现代科技带来的益处的同时，避免其潜在的风险。

## 青春加油站

### 父母如何帮助青春期女孩摆脱手机依赖

**❶ 兴趣替代法**

这个方法对于那些刚开始沉迷手机的孩子十分有效，特别是那些学习成绩较好的孩子。关键在于家长要帮助孩子发现一项与学习不冲突的爱好，比如绘画、弹琴，或者其他任何能够激发孩子兴趣的活动。如果孩子在学习中能够持续取得好成绩，她们自然会珍惜每一个学习的机会。

❷ **家长参与法**
许多家长并不了解孩子沉迷的游戏内容及其玩法。要想有效减少孩子玩游戏的时间，家长首先需要理解游戏为何吸引孩子，它有哪些吸引人的特点。只有亲自参与，才能与孩子建立共同语言，逐渐深入了解孩子的兴趣点，最终与孩子达成少玩或不玩的共识。

## 36 朋友圈的这些"好处"可能是骗局

15岁的莉莉是一名初中生,从小家庭条件十分优越。作为家中的掌上明珠,父母对于她总是有求必应。然而,这一天,莉莉却突然请求父母带她去派出所,她想要报案。

事情起因是莉莉想在网上购买一款名牌手提包和一双名牌鞋。她的朋友建议她通过微商渠道购买,这样更经济实惠。于是,莉莉联系了微商彭某。彭某在了解莉莉的需求后,要求她先支付400元作为购买商品的定金,并承诺会帮她购得心仪的商品。莉莉认为这个要求合情合理,便将400元转给了彭某。

彭某很快就告诉莉莉,她想要的商品已经买到了,但需要莉莉支付剩余的全部款项。莉莉想到自己梦寐以求的商品即将到手,而且微商交易通常都是需要先付全款,于是毫不犹豫地将剩余的7080元全部支付给了彭某,满怀期待地等待着商品的到来。

然而,莉莉支付完款项后,却迟迟没有收到商品。当她想要催促彭某时,意外发现彭某已经将她的微信账号拉黑了。这时,莉莉才意识到自己可能上当受骗了。在家人的陪同下,莉莉前往当地派出所报了案。

### 成长指南

如今微信营销已经成为一种常见的现象,利用社交平台的便捷性,商家和消费者间搭建起了直接交流和交易的渠道。然而,这个渠道虽然方便，但其中存在着不小的诈骗风险，特别是对于青春期的女孩来说，她们由于社会经验不足，对网络诈骗的识别和防范意识较弱，更容易成为诈骗分子的目标。

青春期女孩通常对新鲜事物充满好奇，喜欢追求时尚和潮流，这使得她们在微信上看到各种诱人的商品广告时，可能会忍不住心动并尝试购买。但她们可能没有意识到，这些广告背后可能隐藏着诈骗的陷阱。一些不法商家会通过虚假宣传、低价诱惑等手段，诱使女孩们上当受骗。

此外，微信营销中的一些诈骗手段还可能涉及个人信息的泄露。青春期女孩在微信上填写个人信息时，可能不太注意保护隐私，这就给了诈骗分子可乘之机。他们可能会利用这些信息进行电话诈骗、身份盗用等犯罪活动。

因此，对于青春期女孩来说，提高防诈骗意识至关重要。家长和学校应该加强对她们的教育和引导，教会她们如何识别网络诈骗，保护个人信息安全。同时，女孩们自己也要学会理性消费，不轻信网络上的虚假广告，不随意透露个人信息，遇到可疑情况时及时向家长或老师求助。

## 青春加油站

### 现今社交平台诈骗的几种常见骗术

**❶ 伪装诈骗**

骗子通过社交平台伪装身份，骗取信任后以各种理由索要钱财。

**❷ 代购诈骗**

以低价代购为诱饵，骗取付款后以各种理由要求加付"关税"，最终消失于人海。

❸ **二维码诈骗**

以低价商品为诱饵，诱使消费者扫描含有木马病毒的二维码，盗取信息。

❹ **盗号诈骗**

盗取账号后冒充账号主人，向其亲友索要钱财。

❺ **点赞诈骗**

以集赞赢礼品为名，骗取个人信息。

❻ **克隆头像诈骗**

盗取账号后，克隆头像和昵称，冒充好友诈骗。

❼ **假公众账号诈骗**

冒充官方账号，发布虚假信息进行诈骗。

❽ **性诈骗**

以提供"特殊服务"为名，实则是抢劫或诈骗。

❾ **爱心传递诈骗**

发布虚假的寻人或扶困信息，骗取善良网民的同情。

❿ **招聘诈骗**

发布虚假招聘信息，骗取报名费或佣金。

# 第七章

## 阳光心态：做个充满正能量的女孩

## 37 为什么我总是郁郁寡欢

最近,晓晓似乎陷入了一种难以名状的低落情绪中,她发现自己经常无端地感到悲伤,甚至有时只是一阵莫名的冲动,就想要哭泣。

一天,当她准备给家中的两条红鲤鱼换水时,发现其中一条静静地漂浮在水面,怕是已经活不过来了。而另一条鱼似乎并未受到同伴离去的影响,依旧在水中自由地游动,偶尔吐出一串泡泡,或者展示一个优雅的转身。这对比鲜明的场景让晓晓不禁泪流满面。

晓晓觉得自己仿佛变成了《红楼梦》中的林黛玉,对世间万物的变迁感到无比敏感。春花凋零、秋叶飘落,都能引起她深深的哀愁,泪水似乎随时准备涌出。她变得异常敏感,即使是他人无意间的一句话或一个眼神,都能让她沉思良久,然后沉浸在自己的感慨之中。

这种情绪的波动也影响到了晓晓的学习,她发现自己很难集中精神,成绩开始明显下滑。就连曾经热爱的小说,现在勉强看上几行,便感到力不从心。晓晓感到困惑和无助,她不知道该如何摆脱这种情绪的束缚,重新找回自己的活力和热情。

### 🌱 成长指南

青春期是女孩们生理和心理变化剧烈的时期,激素的波动不仅引起身体上的变化,也影响着她们的心理状态,常使她们感到困惑和不安,情绪波动不定。这一时期也是她们自我认同和价值观形成的关键阶段,女孩们开始更加关注自己的外貌、能力和社会地位，对未来的迷茫和焦虑可能使她们变得多愁善感。家庭和学校环境对她们的情绪影响显著，紧张的家庭或学校氛围可能加剧她们的焦虑感。

青春期的她们情感变得更加细腻，但同时也可能在一些小事上耗费宝贵的时间，有时甚至忽视了生活中的美好和前进的方向。例如，如果她们因为阴天而感到悲伤，就可能错过阳光的温暖；如果她们因为秋天的落叶而感到难过，就可能错过春天的生机勃勃。自然界的季节更替是不可抗拒的规律，正如范仲淹所说："不以物喜，不以己悲。"只要保持平和的心态，以平常心对待周围的一切，就不会受到外界的干扰。

当女孩们感到心里难受时，最好不要独自一人待在房间里，因为独处可能会加剧我们的不适。我们可以向父母倾诉自己的感受，让父母帮助分析和开导。或者，我们可以通过转移注意力来缓解情绪，去做一些自己喜欢的事情，如出去和朋友打网球，躺在沙发上晒太阳，或者和邻居家的小猫小狗玩耍。此外，可以根据自己的性格，多交一些开朗乐观的朋友，与她们分享心中的烦恼，同时我们的快乐和乐观也会感染她们，帮助她们走出多愁善感的情绪。

## 青春加油站

### 青春期女孩多愁善感，家长该如何引导

**1 多接触大自然**

鼓励女孩子多与大自然亲近。大自然不仅能够激发她们的好奇心和探索欲，还能带来一种宁静和广阔的感觉，有助于缓解紧张和焦虑的情绪。

❷ **参与体育运动**

引导女孩子参与各种体育活动。运动不仅有助于身体健康，还是一种有效的情绪释放方式。通过体育锻炼，女孩子可以学会如何积极地表达和处理自己的情绪。

❸ **接触新鲜事物**

让女孩子有机会体验不同的新鲜事物。这样的经历可以增强她们的好奇心，激发她们的探索精神。当她们专注于探究新事物时，她们的注意力就会从那些容易引发负面情绪的事情上转移开来。

❹ **参与公益活动**

鼓励女孩子参与公益活动，如志愿服务。这不仅能帮助她们从个人情绪中走出来，还能培养她们的社会责任感和同情心。

## 38 我也想有班花的美貌

林晓是班上公认的班花,不仅长得漂亮,学习成绩也是名列前茅,而且多才多艺,无论舞蹈还是绘画,她都能展现出惊人的天赋。然而,她的这些优点在一些女生眼中却成了嫉妒的源泉。

苏晴也是班上的优秀学生,但她总觉得自己无论怎么努力,都得不到像林晓那样的关注和赞誉。每当看到林晓在人群中受到追捧,苏晴的心里就像被针扎一样难受。

一天,学校举办了一场才艺展示比赛,苏晴和林晓都报名参加了。苏晴精心准备了一支舞蹈,而林晓则带来了一幅她自己创作的画作。比赛当天,苏晴的舞蹈赢得了观众的阵阵掌声,但当她看到评委给林晓的画作打出了更高的分数时,她的心里充满了失落和嫉妒。

比赛结束后,苏晴独自一人坐在教室里,泪水在眼眶里打转。这时,林晓走了进来,她轻轻地坐在苏晴的旁边,递给她一张纸巾。

"苏晴,你的舞蹈真的很棒,我看了都觉得很感动。"林晓真诚地说。

苏晴抬起头,看着林晓的眼睛,她发现林晓的眼神里没有丝毫的傲慢和得意,只有真诚和友善。

"林晓,我……我一直很羡慕你,也有点儿嫉妒你。"苏晴终于鼓起勇气说出了心里的话。

林晓微微一笑,握住了苏晴的手:"苏晴,每个人都有自己的优点和闪光点。你的舞蹈很美,你的努力和才华同样值得别人赞赏。我们不应该互相嫉妒,而应该互相学习和鼓励。"

苏晴被林晓的话深深触动,从那以后,苏晴开始改变自己的心态,她和林晓成了好朋友,两人互相学习,互相支持,共同成长。

## 成长指南

青春期的少女们在成长的道路上,不仅对异性抱有好奇,也会对同性产生关注。那些被赋予"班花"称号的女孩们,以其出众的外表成为众人瞩目的焦点,她们的美貌不仅吸引了男生们的目光,也常常激起其他女生心中的羡慕甚至是嫉妒之情。

然而,成为"班花"并非全然是件令人羡慕的事,她们的外表虽然光鲜亮丽,但她们的内心是否真的快乐,却鲜有人真正了解。毕竟,外貌是天生的,如果"班花"们意识到美貌可能带来的烦恼和压力,她们或许宁愿自己看起来平凡一些。

"班花"们并非只有美丽的外表,她们中的许多人学业成绩也相当出色,还具备多样的才艺,如音乐、舞蹈、绘画等,这些综合素质使她们更加具有吸引力。正如古语所说:"三人行,必有我师。" 如果女孩们渴望变得更优秀,就应该摒弃对"班花"的成见,与她们建立友谊,学习她们的优点,不断提升自我。

青春期是人生中极为关键的成长期。在这个阶段,抓住机会,不断充实自己,培养良好的习惯,将使女孩们受益终身。利用课余时间阅读优秀的书籍,不仅可以拓宽视野,还能陶冶情操;养成运动的习惯,让自己每天都充满活力。拥有几项拿得出手的兴趣爱好,都能让自己在同学中更受欢迎,提升自己的人格魅力。

虽然不是每个人都能成为"班花",但更重要的是塑造一个内外兼修的自我。不仅要注重外表的美丽,更要追求内心的丰富。通过不断地学习和成长,你将成为一个真正优秀的人,赢得他人的尊重和喜爱。记住,真正的美丽,是源自内心的自信和智慧。

## 青春加油站

### 孩子因外貌自卑,建议家长这么做

**❶ 讲述自己的苦恼经历**

家长也可以聊聊自己因为容貌、身材苦恼的经历,就像和知心朋友那样聊天,让孩子感受到"爸爸妈妈和我有一样的经历,他们就能理解我",而不是讲道理。

**❷ 和孩子一起探讨什么是美**

给孩子传递多元化审美观,不同国家和地域的审美风格、审美心态都有很大不同。不同的人,会有不同的审美观;同一个人的不同成长时期,审美观也会不同。一起讨论狭隘的审美观念,比如瘦了才美、双眼皮比单眼皮美、尖下巴比圆下巴美……分析媒体宣扬这些观念的原因,包括社会文化、商业利益和消费心理等方面,以培养孩子的独立思考能力和审美观。

**❸ 观看相关书籍或电影**

和孩子一起读文学作品、看相关内容的电影,比如《奇迹男孩》。小主人公奥吉天生面部缺陷,当他自卑地认为自己丑时,妈妈说:"你不丑,正因为我是你妈妈,对你的看法才最重要,因为妈妈是世界上最了解你的人。"妈妈温暖而坚定的回应，给了小奥吉巨大的力量，让他找到了自信，并用自己的行动改变了其他人的看法。

### ❹ 多夸赞孩子的优点

经常表扬孩子的优点，如善良、有责任感、勤奋、有毅力、自我管理能力强等，可以显著提升孩子的自尊心。当孩子因其内在品质和人格魅力在学校和家庭中受到认可和喜爱时，他们对外表的关注自然会减少。通过这种方式，父母帮助孩子认识到，真正的美丽源自个人的品质和行为，而非外表。

## 39 因为我是女孩子，所以……

薇薇是一名初中二年级的学生，她的母亲经常教育她："女孩子要有女孩子的柔弱，不要去做超出自己能力范围的事情，那些重活儿应该留给别人。"薇薇一直遵循着母亲的教诲，尽量展现出女孩子的温顺和乖巧。

新学期开始，班长组织同学们去教材科领取新书。大家都遵守秩序，排成了一列长队。薇薇的同桌小强因家中有事未能到校。

轮到薇薇的时候，班长对薇薇说："小强今天来不了，你顺便把他的书也代领了。"

"我才不呢，我一个女孩子抱着自己的书已经够累的了。"

"才有几本书呀，你就抱不动了？"

"别忘了我是一个女孩子，不像你们男生天生力气就大。"

"好，你是女孩子。我让别人替他领。"

后面的女同学听得有点不耐烦了，有的模仿薇薇说话："我是女孩子，我抱不动"，然后捂着嘴巴笑了起来。

薇薇知道她们在嘲笑她，但是她毫不在乎。她心里想："女孩子本来力气就小，干点轻松的活儿没有错呀！难道像你们一样，个个跟'女汉子'似的，才是对的吗？"

"我是女孩子"这句话仿佛成了薇薇的保护伞，班里有活动需要她帮点儿小忙时，她就"温文尔雅"地跟对方说一句："我是女生，你让男生来帮忙吧！"对方也不好意思再说什么，只好找别人来做。

# 第七章
## 阳光心态：做个充满正能量的女孩

### 🌱 成长指南

在现代社会，女性正逐步打破传统的性别角色，她们在政治、经济、科技、教育等多个领域展现出卓越的才能和领导力。事实上，在很多情况下，女性不仅能够胜任工作，而且在某些行业的表现甚至超越了男性。她们以独特的视角、坚忍的毅力和细腻的情感，为社会的发展贡献了不可替代的力量。

尽管女性的地位日益提升，但社会上仍存在一些陈旧的观念，将女性视为弱者。这种刻板印象不仅限制了女性的发展，也影响了她们的自我认知。如果女孩自己也接受了这样的观念，就会自我设限，无法充分发挥自己的能力，成为真正的强者。

青春期的女孩应该认识到，温柔并不是软弱的代名词。温柔是一种力量，它源自内心的善良和同情，能够让她们在面对挑战时保持冷静和坚韧。女孩们需要在保持温柔的同时，培养自己强大的内在力量。这种力量包括自信、独立、智慧和勇气，能够让她们在社会中站稳脚跟，发挥自己的潜力。

因此，青春期的女孩需要树立正确的自我认知，摒弃性别偏见，相信自己拥有和男性一样的力量和潜力。她们应该勇于追求自己的梦想，不断学习和成长，提升自己的能力和素质。同时，她们也应该学会自我肯定，认识到自己的价值和独特之处，不因外界的评价而动摇。

家长们也要多鼓励女孩们发展自己的兴趣和特长，支持她们追求职业和生活目标。通过教育和引导，帮助女孩建立积极的自我形象，培养她们的自尊、自信和自立精神。

## 青春加油站

### 女孩如何摆脱弱者心理

① **提升自我认知**

女孩需要认识到自己的价值和潜力。通过自我反思和自我肯定，了解自己的长处和兴趣所在，建立积极的自我形象。

② **设定人生目标**

为自己设定清晰的目标和计划，然后付诸行动。实现目标的过程能够增强自我效能感。

③ **寻找学习榜样**

寻找并学习那些在各自领域取得成就的女性榜样，了解她们是如何克服困难，展现力量和韧性的。

④ **培养独立性**

学会独立思考和独立生活，不依赖他人来作决定或解决问题。独立性是克服弱者心态的关键。

⑤ **参与竞争和挑战**

积极参与各种竞争和挑战，无论是学业上的、体育上的还是其他领域的，通过实践提升自己的能力和抗压性。

## 40 我居然希望我的好朋友不如我

小玲和小雨从小一起长大，曾经是形影不离的好朋友，但不知从何时起，小玲发现自己与小雨之间的距离越来越远。

小雨是家长们经常夸赞的"别人家的孩子"，这让小玲感到自卑，因为她总觉得自己成绩平平，长相普通。小雨有着一双明亮的大眼睛，说话总是温柔细腻，她的父母经营着一家时尚服装店，因此她的穿着总是紧跟潮流，在学校里备受瞩目，被誉为"校园之星"。相比之下，小玲显得有些默默无闻。

小玲内心困惑，不明白为何小雨愿意与她保持友谊，难道仅仅是为了让自己成为衬托她的绿叶吗？虽然名义上她们还是朋友，但实际上，她们之间的友谊已经淡了。

小雨在学校担任学生会主席，每当她遇到问题，总有同学愿意伸出援手。然而，当男生们对小雨献殷勤时，一些女生便觉得她爱出风头，心生嫉妒。她们会在小雨不在的时候，偷偷把她的课本藏起来，让她上课时手忙脚乱。这些小动作都被坐在教室后排的小玲看在眼里。作为小雨的朋友，小玲本应感到难过，但不知为何，她心中却有一丝幸灾乐祸的感觉。

一些女生为了破坏小雨在男生心中的形象，会暗地里做些小动作，比如在她座位上放一块口香糖，或者在她背后贴上一张写有侮辱性话语的纸条。这些恶作剧是小玲内心深处渴望去做，却又不敢付诸行动的。看着小雨遭受捉弄，小玲竟然感到了一丝快慰。

## 成长指南

嫉妒心理是一种复杂的情感体验，它深植于人类的潜意识之中，有时甚至难以被自己察觉。我们嫉妒的对象可能是任何一个陌生人，也可能是自己的亲朋好友。

嫉妒不仅仅是一种简单的羡慕，它更深层次地反映了个体对自己的否定和内心深处的自卑感。因为，嫉妒的本质是一种内在的自卑感，它源于我们对自身能力的怀疑和对他人成功的无法接受。

有些人在嫉妒的驱使下，可能会采取消极的方式来应对这种情绪，比如通过贬低、嘲讽或阴阳怪气的评价来攻击他人的成就，试图以此来减轻自己的嫉妒和自卑。

青春期的女孩，她们在外貌、学业成绩、社交能力等方面感受到的比较和竞争尤为激烈，这些因素都可能成为嫉妒心理的触发点。当嫉妒在心中生根发芽，它不仅会给女孩带来心理上的痛苦，如果不加以控制，还可能导致她们做出伤害他人或自我伤害的行为，这对她们的个人成长和社会适应都是极为不利的。

要克服嫉妒心理，首先需要认识到人性的复杂，理解每个人都有自卑感，并且能够坦诚地承认别人的优秀。同时，将注意力从他人身上转移到自己身上，将对好朋友的羡慕和嫉妒情绪转化为自我提升的动力，专注于自我发展和内在成长。

## 青春加油站

### 如何消除对好朋友的嫉妒心理

① **自我反思与学习**

青春期的女孩应该学会经常反省自己,用积极的心态面对比自己优秀的朋友和同学。将他人的长处作为学习的目标,这样不仅能够消除嫉妒心理,还能促进自我提升。记住"遇强则强",让嫉妒转化为前进的动力。

② **多回忆对方的好**

青春期的人际交往至关重要,真挚的友谊不应因嫉妒而破裂。学会真诚友善地与人相处,面对比自己优秀的朋友,回忆共同度过的美好时光和对方给予的帮助,这样可以使嫉妒心理显得微不足道,有助于消除嫉妒。

③ **接纳并完善自己**

每个人都有自己的优点和不足。接纳自己,包括优点和缺点,并客观分析自己的不足,寻找改进的方法。坚信每个人都有自己的价值,只是表现形式不同。找到并认可自己的价值,有助于消除嫉妒心理。

## 41 万一当众出丑，被人笑话怎么办

娜娜因为从小学习舞蹈，有很强的舞蹈功底，当选为文艺会演节目的舞蹈主角。会演那天，许多家长也纷纷到场。当娜娜登台时，她与妈妈在人群中交换了一个眼神，随即脸颊泛起一抹红晕。

妈妈还未来得及反应，节目便已拉开序幕。演出过程中，妈妈注意到娜娜的舞蹈似乎不如往常那般自信满满，但最终演出还是取得了成功。

演出结束后，娜娜走下舞台，脸上的表情显得有些沉重。妈妈关切地询问："娜娜，你怎么了？看起来不太高兴。"

娜娜回答说："妈妈，我刚才在舞蹈中有一个动作没做好，我注意到其他同学都在笑我，这让我越跳越没信心，甚至想要放弃。"

妈妈安慰她："孩子，别担心，大家都没有注意到，也许他们笑的不是你。"

娜娜急切地反驳："不，妈妈，他们笑的就是我，而且他们会一直记得这件事，我以后在同学面前都抬不起头了。"

### 🌱 成长指南

孩子们常常因为害怕出丑而感到焦虑，这背后有几个心理因素在起作用。

首先，面子效应影响着他们。随着年龄的增长，孩子们的自我意

识逐渐增强，他们希望得到他人的赞赏和认可，这导致他们在努力表现自己时可能会因紧张而出错。例如，娜娜想要在母亲面前展现自己的能力，却因为过度在意而变得紧张，进而影响了表现。

其次，担心出丑会被他人嘲笑、记住。孩子害怕被别人看见自己最狼狈的样子，担心自己的"劣迹"会被别人拿来当成茶余饭后的谈资，会被嘲笑和轻视，久而久之，孩子内心的压力就会越来越大。娜娜过于在意一个小小的失误，将同学们的反应理解为嘲笑，久久不能释怀，因内心承受不了这样的压力又害怕再次出丑，所以就不会再轻易尝试了。

长期处于过度在意他人眼光的心理状态，对孩子的成长和个性发展有着深远的影响。

**自我抑制与个性发展受限**。孩子过分关注他人的看法，害怕在公众场合出丑，可能会导致他们避免参与展示自我的活动。这种逃避行为剥夺了孩子锻炼和展示才能的机会，使他们可能永远默默无闻，无法发挥个人潜力。

**盲目从众与个性丧失**。每个孩子都有其独特之处，但当他们过分在意他人评价时，可能会放弃自己的独特性，选择随大流。例如，他们可能会因为担心自己的穿着受到批评而选择大众化的衣服，从而失去表达自我风格的机会。

**社交障碍与自我封闭**。过分在意他人眼光的孩子可能会自我封闭，避免与人交流，担心自己的言行会得罪他人。他们可能会选择隐藏自己，减少社交活动，以避免出丑的风险。这种行为模式限制了他们的社交能力，形成了一种无形的社交障碍。这种心理状态如果不加以引导和调整，可能会对孩子的心理健康和社交能力造成长期的负面影响。

## 青春加油站

### 孩子害怕当众出丑，家长试试这样做

❶ **回忆尴尬经历**

家长要让孩子明白，别人并不像他们想象的那样密切关注自己的一举一动。家长可以鼓励孩子回忆一次自己觉得尴尬的经历，并询问当时在场的人是否还记得这件事。通常人们并不会对小失误过分在意，这有助于减轻孩子的焦虑。

❷ **尝试换位思考**

家长可以引导孩子回想自己对他人尴尬事件的记忆，大多数情况下这些记忆都是模糊的。通过这种方式，孩子可以意识到自己的小失误并不会引起他人的过度关注，就像他们不会过分关注别人的尴尬一样。

❸ **学会筛选评价**

家长应教育孩子学会筛选评价，区分哪些是客观、有价值的评价，哪些是带有恶意的攻击。对于后者，孩子应该学会忽略，不让其影响自己的情绪和自尊。

❹ **体验成功的喜悦**

缺乏自信是孩子害怕出丑的一个重要原因。家长应为孩子创造成功的机会，让他们体验成功的喜悦，从而增强自信心。自信的孩子在面对各种场合时，不会因为担心成为笑柄而感到胆怯。

## 42 可以爱面子，但不能爱慕虚荣

莉莉对即将到来的学校运动会充满期待，但她内心也有些不安。她向母亲提出了一个请求："妈妈，运动会上大家都穿新的名牌鞋，你能不能也给我买一双耐克运动鞋？"她渴望融入同学们，不想显得与众不同。

母亲认真地考虑了莉莉的请求，但最终坚决地回答："不行，耐克鞋太贵了，五六百元足够我们全家一周的生活花销。"

莉莉感到失望，她担心自己穿着旧鞋会遭到同学们的嘲笑："同学们都穿新的名牌鞋，如果我一直穿旧鞋，会感觉很没面子。"她的情绪显得低落。

母亲理解莉莉的心情，但她更清楚攀比心理的危害。她决定引导莉莉正确看待这个问题："你们班上学习成绩优秀的同学，会因为穿名牌而炫耀吗？那些注重穿着名牌的同学，他们的学习成绩又如何呢？"

莉莉沉默了，她开始思考母亲的话。她意识到，真正的价值并不在于穿什么，而在于自己的能力和品质。

母亲进一步鼓励她："重要的不是你穿什么，而是你是谁，你做了什么。你应该为自己的行为和成就感到骄傲，而不是因为物质。"

莉莉深受启发，她决定不再被物质比较所困扰。她开始专注于自己的学习和兴趣，用自己的实力和表现来赢得尊重和认可。

## 成长指南

青春期是女孩们自我意识迅速发展和自我概念逐渐明晰的时期。在这个阶段，她们对被认可和尊重有着强烈的渴望，因此她们可能会采取各种方式来展示自己、提升自己的地位，试图在同龄人中脱颖而出，显示自己的"优越性"。

然而，孩子们在追求虚荣和盲目攀比的过程中，往往会向父母提出与金钱有关的要求。毕竟，她们的所有物质条件都依赖于父母，攀比也往往需要父母的经济支持。如果父母能够合理地控制经济支持，就能在一定程度上抑制孩子的虚荣心。

面对女孩们的物质要求，父母首先应该深入了解孩子真正的需求和背后的动机。如果孩子提出要求仅仅是为了与同学攀比，父母要以冷静的态度来应对这种情况；如果孩子提出的要求过于奢侈或不合理，父母有权利直接拒绝，但同时应该清楚地解释拒绝的原因。如果拒绝过于生硬，可能会引起孩子的反感，甚至可能促使她们通过不当手段，如偷窃来满足自己的虚荣心，这无疑对孩子的健康成长极为不利。

父母在处理这类问题时，可以引导孩子理解物质追求的局限性，引导她们重视个人品质、能力和学业的发展。通过这样的教育，女孩们可以逐渐认识到，真正的尊重不是通过物质攀比来获得的，而是通过自己的努力和内在品质来赢得的。同时，父母也可以为孩子树立榜样，通过自己的行为展示如何以一种健康和理性的态度来对待物质和生活。通过这些方式，父母不仅能够帮助孩子克服虚荣心，还能引导她们形成更加理性成熟的价值观。

## 青春加油站

### 青春期孩子爱攀比怎么办

**❶ 让孩子了解家长赚钱的过程**

家长可以带孩子去工作场所,让她们看到家长的工作状态,了解家长的辛劳和付出。这样的经历会让孩子有所感悟,可能会改变她们对物质的看法。

**❷ 引导孩子转移攀比的焦点**

当孩子想要和别人比较时,可以告诉她们,攀比是可以的,但要根据实际情况,通过自己的努力去实现目标。比如,如果孩子羡慕别人的新衣服,可以鼓励她们用自己攒下的零花钱去购买,这样既能教会她们节俭,也能培养她们良好的行为习惯。

**❸ 以"反攀比"的方式教育孩子**

当孩子表达出对他人物质条件的羡慕时,家长可以指出,虽然别人拥有昂贵的物品,但可能与家人团聚的机会很少,而孩子却能每天与家人在一起,这也是一种幸福。通过这种方式,家长可以帮助孩子认识到,物质并不是衡量幸福的唯一标准。

# 第八章

## 健康安全：
## 平安是最大的幸福

第八章
健康安全：平安是最大的幸福

## 43 减肥减肥，我要变美

元旦前夕，学校里准备了一场盛大的文艺会演，许多女生都积极地报名参加，蕾蕾也兴奋地向班长报名。她自幼就对舞蹈有着浓厚的兴趣，并且舞蹈老师总是称赞她的动作和节奏感出色，认为她是个天生的舞者。然而，班长却以舞蹈团队已经满员为由，拒绝了她的请求，建议她参加其他节目。

蕾蕾感到非常沮丧。她知道同学们私下里给她起了个绰号"胖胖"，但她从未放在心上，现在她意识到自己的体型可能成了参与舞蹈表演的障碍。晚餐时，蕾蕾的母亲注意到她只吃米饭而没有吃菜，便关切地询问原因。

"妈妈，你的菜总是那么美味，但我已经决定从今天开始减肥，所以不能再多吃了。"蕾蕾解释道。

母亲好奇地问："为什么突然想要减肥呢？"

蕾蕾便向父母坦白了班长拒绝她参加舞蹈表演的事情，并表达了她的决心——她要通过节食减肥，变成一个苗条的女孩，让所有人都对她刮目相看。

### 🌱 成长指南

进入青春期的女孩会经历身体和心理的显著变化，这些变化可能导致一些女生感到不适应，过于在意他人的看法，甚至产生自卑感。在这种心理状态下，她们可能会错误地认为节食是控制体重的好方法，甚至完全避免食用肉类或主食，但这并不是一种健康的减肥方式。长期如此，可能会导致营养不良，影响身体的正常成长。

青春期是身体发育的关键时期，新陈代谢活跃，对营养物质的需求增加。虽然可以适度控制体重，但不应采取极端的减肥措施。过度减肥不仅可能损害健康，还可能影响身高的增长，尤其是在十二三岁，女生的身高每年可以增长5~7厘米。

正确的减肥观念和方法对于青春期女生的健康成长至关重要。在饮食方面，建议青少年减少高脂肪食物的摄入，比如快餐、油炸食品和高糖食品，这些食物往往热量高但营养价值低。应该增加蔬菜、水果、全谷物和优质蛋白质的摄入，这些食物不仅能够提供必要的营养，还有助于维持健康的体重。此外，参与各种体育活动和户外运动，不仅能够加速脂肪的"燃烧"，还能够获得运动带来的乐趣，培养团队合作精神和社交技能。例如篮球、足球、游泳或跑步等运动，都是很好的选择。这些活动不仅有助于减肥，还能够提高我们的免疫力，减少生病的风险。

总之，青春期的减肥应该以健康为前提，通过合理的饮食和积极的运动来实现。家长和教育者也应该提供正确的指导和支持，帮助青春期女孩养成健康的生活习惯，避免采取极端或不科学的减肥方法，确保她们在这一关键时期能够健康成长。

第八章
健康安全：平安是最大的幸福

## 👍 青春加油站

### 青春期女孩节食减肥的 6 大危害

**❶ 营养素缺乏**

青春期新陈代谢快，活动量大，节食可能导致蛋白质、维生素和矿物质等营养素摄入不足，诱发各种营养缺乏症。

**❷ 影响身高增长**

青春期是身高增长的关键期，需要充足的营养来支持生长激素的分泌。节食可能导致营养不良，从而影响身高的正常增长。

**❸ 影响智力发育**

长期节食可能导致蛋白质和矿物质缺乏，引起贫血，减缓生长发育速度，并可能限制智力发展，影响学习能力。

**❹ 扰乱月经周期**

持续的饥饿状态会扰乱内分泌系统，导致月经不规律甚至闭经。

**❺ 影响第二性征发育**

青春期性激素分泌旺盛，节食可能导致营养素摄入不足，影响第二性征的正常发育。

**❻ 体重反弹风险**

节食减肥后恢复正常饮食，可能会导致体重迅速增加，甚至超过原来的体重。

## 44 谁都没有我酷，抽烟我在行

"真是让人头疼，她的班主任上周还给我来电话，说曦曦最近上课总是心不在焉，注意力不集中。"妈妈叹了口气，显得有些无奈。

听到这些，爸爸决定和曦曦好好谈谈，于是他走向曦曦的房间，敲响了房门。但房门迟迟没有打开，里面传出有些杂乱的响声，不知道她在忙些什么。

"曦曦，快开门，爸爸想和你聊聊。"爸爸的声音透过门传了进去。

约莫半分钟后，曦曦才匆忙地打开了房门。随着门的开启，一股浓烈的烟味扑面而来，爸爸立刻意识到情况不妙，迅速走进了房间。他扫视了一圈，目光最终停留在门口的垃圾桶里，里面散落着几个烟蒂。

"你竟然开始抽烟了？！"爸爸怒不可遏，对曦曦大声斥责。

曦曦却嘟着嘴，似乎并不觉得自己做错了什么，这让爸爸更加气愤，甚至想要动手。

妈妈见状立刻介入，挡在了两人之间，然后转头对女儿说："曦曦，你不是一直很在意自己的外表吗？看看你抽烟后的样子，脸上一点儿光彩都没有了，黑眼圈比我还重。"

曦曦听了妈妈的话，半信半疑地走到镜子前，她想看看吸烟是否真的影响了自己的容貌。当看到镜子中那张泛黄、干燥，且带着浓重黑眼圈的脸时，曦曦感到非常震惊。

"吸烟不是应该让人看起来更有个性吗？怎么会变成这样？"曦曦瘫坐在床上，神情沮丧地想。

## 成长指南

有些青春期女孩受到电视、电影中女性角色吸烟的影响，认为这是一种时尚和个性的表现，因而开始模仿。总的来说，青春期女孩吸烟的心理动机通常包括以下几点：

**好奇心驱动**。这个年龄段的女孩对未知事物充满了探索的欲望，当她们看到周围人吸烟时，那种吞云吐雾的场景很容易激起她们的好奇心。她们可能认为吸烟是一种新奇的体验，或者是一种成人世界的入门仪式。因此，当有人递来一支烟时，她们往往会出于好奇而接受，想要亲身体验那种被烟雾包围的感觉。

**追求认同感**。在青少年群体中，同伴的影响是巨大的。如果一个群体中的大多数成员都在吸烟，那些不吸烟的女孩可能会感到自己被边缘化，担心失去朋友和社交地位。为了融入这个群体，获得同伴的认可和接纳，她们可能会违背自己的意愿，开始尝试吸烟，哪怕内心并不喜欢。

**渴望成熟**。青春期是一个自我认同和角色探索的阶段，女孩们渴望被看作成熟的个体，而不仅仅是孩子。在她们看来，吸烟可能是一种成人的标志，一种独立和自主的象征。她们可能会模仿电影、电视剧中成熟女性吸烟的形象，希望通过这种方式来表达自己的成熟和独立。

然而，无论出于何种原因吸烟，其对健康的危害都是巨大的。青春期是身体和心理发展的关键时期，吸烟不仅会对女孩的身体健康造成长期的伤害，还可能影响她们的心理健康和社会适应能力。因此，家长要加强对青春期女孩的教育和引导，帮助她们认识到吸烟的危害，培养她们正确的价值观和健康的生活方式。同时也应该为她们提供一个积极健康的成长环境，让她们在没有压力和诱惑的情况下，自由地探索自我，发展个性。

## 青春加油站

### 青春期女孩偷偷吸烟，建议父母这样做

**❶ 科普吸烟危害**

与孩子交流时，介绍吸烟对健康的影响。利用宣传片或专业的医学知识，让孩子明白吸烟的具体危害，而不仅仅是知道这样做不好。

**❷ 父母以身作则**

家长应尽量避免在孩子面前吸烟或开始戒烟，成为不吸烟的榜样，展现健康生活的重要性。

**❸ 关注孩子社交圈**

了解孩子的朋友圈和日常活动，通过提升亲子关系，及时发现并引导孩子的不良行为。对于孩子的吸烟行为，应积极疏导而非简单地批评或惩罚。

**❹ 引导孩子树立梦想**

与孩子探讨未来，帮助她们找到自己的兴趣和目标，明确学习是为了自己，而非他人。在孩子出现不良行为时，及时沟通，避免贴负面标签，鼓励孩子改正。

第八章
健康安全:平安是最大的幸福

## 45 好像有人跟踪我

楚欣独自走在回家的路上,总觉得有人在跟踪她。她回头看了三次,每次都看到同一个身影。楚欣心中疑惑,难道是坏人?她迅速思考对策,决定摆脱跟踪者。楚欣跑进一家小卖部,假装购物,而那人也跟随她进入了店内。楚欣趁他不注意,快速离开了小卖部,但那人依然紧随其后。

楚欣感到一丝恐惧,她急需一个解决办法。这时,她注意到路边有一个卖瓷器的小摊,灵机一动,快步走到摊前,拿起一个大瓷瓶,故意将其摔碎在地上。

摊主见状,急忙上前质问:"你这孩子,怎么把我的瓶子摔了?你得赔我。"楚欣故意大声回应:"为什么要我赔?这破瓶子也不值几个钱,别跟我计较了。"摊主生气地说:"你这孩子,怎么不讲理呢?摔坏了东西当然要赔。敢不敢跟我找人评理?"楚欣回应道:"行啊,我还怕你不成!"她与摊主大声争吵,甚至提出要去公安局。

在争吵中,楚欣偷偷观察跟踪她的人,发现他已经离开了。楚欣松了一口气,向摊主解释了整个情况,并表示愿意赔偿损失。摊主了解真相后,原谅了楚欣,并提醒她以后要小心。

### 🌱 成长指南

遭遇跟踪是非常可怕的事情,生活中有不少人经历过这种惊心动魄的情况。通常女性比较容易遇到这样的事情，如果没能正确应对，很容易受到伤害。

如果在僻静之地遭人尾随，如何辨别自己是被坏人跟踪了还是只是遇到了同路人？可以试试以下方法：

**注意行为模式**。如果注意到有个人在自己经常出入的地方，如学校、工作地点或常去的商店附近频繁出现，这可能是被尾随的迹象。要留意这个人是否在没有明显目的的情况下多次出现，并观察他是否在我们出现时表现出异常行为，如过分关注或在我们视线范围内徘徊。

**观察一致性**。当意识到可能有人在跟踪我们时，可以通过改变自己的行动路线来测试这一点。例如，平常直行回家，今天可以尝试绕道而行，或者在途中突然转弯进入另一条街道。如果对方在我们改变方向后仍然紧随不舍，这可能意味着他们确实在跟踪尾随。

**利用反光面**。我们在行走过程中，可以巧妙地利用周围环境中的反光面，如商店橱窗、汽车的后视镜、玻璃幕墙等，来观察是否有人一直在自己身后。通过这些自然存在的"镜子"，可以不引人注意地确认是否有人跟随。

**进入公共场所**。如果怀疑自己被跟踪，可以走进一家商店、咖啡馆或其他公共场所，如图书馆或购物中心。观察对方是否跟进来，或者在门外徘徊等待。如果他们跟进来了，我们可以向工作人员求助。

**过马路测试**。如果是走在宽阔的马路或街道上，我们要抓住可以安全过马路的机会，马上跑到马路或街道对面去。如果他也马上跟了过来，就要当心了，要马上再找机会跑到马路或街道对面去。如果他又马上跟过来，那么可以肯定我们是被跟踪了。请马上打110报警，并采取办法自救！

自救的办法有很多。快跑，往可能有人的地方跑；大声打电话，叫家人或朋友来接我们；在那个人试图接近时，我们可以告诉他自己已经报警，请他走开。总之，不能束手待毙，也不能毫无防范。看到我们有防范、有准备，且已报警，坏人也许会终止他的犯罪行为，这样我们就赢了。

需要注意的是，打110报警时，我们有可能会因为慌乱或者不熟悉环境，说不清楚准确的位置。这时候，我们要注意找路灯杆，只要报警时能说出附近路灯杆上的"身份证"编号，接警人员就能迅速确定我们所处的位置，并及时出警相助。

## 青春加油站

### 女孩防跟踪要学会的7个小技巧

**❶ 乘坐电梯**

在可能被跟踪的情况下，应优先选择有监控的电梯而非楼梯，以提高安全性。

**❷ 利用ATM机隔间**

夜晚若被跟踪，可进入ATM机隔间躲避，利用其自动锁门功能和监控设备保护自己。

**❸ 携带防狼喷雾**

随身携带辣椒水或防狼喷雾，紧急时刻可用于自卫，争取逃脱机会。

**❹ 备用包策略**

准备一个装有杂物的备用包，在被跟踪时可作为诱饵，分散对方注意力，争取逃生时间。

**⑤ 前往人多的区域**

若感觉被跟踪,应保持镇定,向人多的地方移动,并尝试与人群互动,以此迷惑跟踪者。

**⑥ 谨慎填写收货地址**

可以将工作地址作为收货地址,减少个人住址的泄露,降低安全风险。

**⑦ 准备家人的录音**

独自在家的女孩,可准备家人的录音,遇到可疑的送货或维修人员时播放,增加安全性。

## 46 校园欺凌，大胆说出来

张琳是一个性格温和、待人友善的中学生。但在新学期伊始，她不幸成为一些同学排斥和欺凌的对象。这些同学因她外表平凡、成绩一般而对她进行嘲笑和羞辱，起初只是言语上的攻击，不久后便演变成了身体上的推搡和拉扯，甚至对她进行人身威胁。

更糟糕的是，这些同学还在网络上对她进行诽谤，散布她的不实信息和恶搞图片，使得张琳不仅在学校受到欺凌，连在网络世界也无处可逃。这些连续的打击让她感到极度孤独和无助，逐渐陷入抑郁和自我怀疑之中。她开始逃避学校生活，减少与同学的互动，对学习的热情也日渐消退。她的成绩开始直线下降，身体也频繁出现不适。

张琳曾想过向老师和家长寻求帮助，但因为担心遭到更多的报复和缺乏足够的支持，她最终选择了沉默。

转机发生在一位新的心理辅导员入职学校后。她敏锐地察觉到张琳的异常，主动接近张琳并给予她关心和支持。这位辅导员不仅与张琳建立了信任关系，还与学校的管理层、张琳的班主任以及其他教师协作，共同开展了一系列反欺凌的行动。他们组织了班级讨论会、家长会，为学生提供心理辅导，并加强了对学生的教育和引导。

通过这些综合措施，张琳的情况得到了显著改善，她逐渐找回了自信，重新融入了校园生活，她的成绩和健康状况也开始逐步恢复。

## 成长指南

校园是承载友谊和美好记忆的摇篮，是孩子们在阳光下快乐成长的乐园。但如今，校园欺凌的阴影却时而在这片净土上投下阴霾，给孩子们的心灵带来了深重的伤害。

欺凌行为的成因多种多样，心理因素尤为关键。一些欺凌者出于对自身优越感的追求，会通过贬低他人来获得满足，这可能源自家庭环境的影响或自我认同感的缺失。家庭关系紧张、亲子关系不和谐、过度溺爱孩子等都可能成为孩子心理问题的温床，使他们通过欺凌来发泄情绪。

有些女孩在社交场合中可能显得较为羞涩和矜持，缺乏自信，她们可能因为不擅长与人沟通，或者身形外貌与同龄人有显著差异而被误解、排斥，甚至遭到嘲笑。面对压力和挑战时，她们会显得更加脆弱，缺乏有效的自我保护能力。这使得她们成为欺凌者眼中的"易攻击目标"。

面对欺凌现象，我们绝不能置身事外。对于女孩而言，培养自信心、掌握自我保护的技巧、寻找值得信赖的朋友以及成年人的支援，是预防和应对欺凌行为的基石。同时，家庭需要营造一个稳固且充满支持的氛围，指导女孩识别欺凌行为并妥善应对。学校和社会也应当加强监督，构建一个安全、包容和公正的环境，确保每个女孩都能在一个健康的环境中茁壮成长。

## 青春加油站

### 女孩遇到校园欺凌时请这样做

① **保持冷静**

遭遇欺凌时,保持冷静至关重要。慌乱会影响判断,而冷静可以帮助你思考并采取有效行动。

② **靠近人群**

迅速靠近人群,这样更容易获得帮助。必要时大声呼救,以吸引人们注意并得到援助。

③ **寻找避难所**

尽快移动到安全的地方,如教室、图书馆或其他人多的场所,以获得保护。

④ **保护要害部位**

如果遭受攻击,应优先保护头部、颈部和腹部等关键部位,尽量减少受伤。

⑤ **避免直接对抗**

尽量避免与施暴者正面冲突,寻找逃跑机会或使用周围物品进行自我保护。

⑥ **保持联系**

如果条件允许,使用手机或其他通信工具与家人、朋友保持联系,及时告知自己的情况。

7 **记住对方特征**

尽量记住施暴者的外貌和特征,这有助于事后的追踪和调查。

8 **及时报案**

无论何时,一旦感到安全受到威胁,应立即报警。警方会迅速响应并提供必要的保护。

第八章
健康安全：平安是最大的幸福

## 47 外出乘车要注意

欣欣今年13岁，就读于县城的一所中学。由于学校离家较远，她每周五放学后都会乘坐出租车回家。

又到周五放学时间了，欣欣像往常一样走出校门，她在校门口用手机约了一辆网约车。等上车后，她便靠在座椅上闭目养神。当她再次睁开眼睛时，发现司机并没有按照她熟悉的路线行驶。她立刻警觉起来，询问司机原因。

司机告诉她，他选择了一条更快捷的路，可以避开拥堵。尽管如此，欣欣还是拿出手机，打开了地图应用，确认司机的话。地图显示车确实偏离了正确的路线，正在往与家相反的方向行驶。欣欣要求司机立即停车，但司机却以一种不自然的笑容回应，说很快就能到达目的地。

感到不安的欣欣决定采取行动，她偷偷地用手机拨打了110报警，并打开了位置共享，同时尽量保持冷静地与司机对话。

警方接到报警后迅速响应，通过欣欣的位置共享锁定了网约车的位置，并通知附近的巡逻车前往。在警方的干预下，网约车司机最终在一个安全的地方停下了车。警方到达现场，对司机进行了询问，并确认了欣欣的安全。

欣欣的父母和学校得知此事后，都非常关注。学校加强了对学生的安全教育，指导学生在遇到类似情况时如何保护自己。

这次经历让欣欣深刻意识到，无论何时何地，安全意识都不能放松。同时，她也学会了在紧急情况下如何正确求助。

## 成长指南

近年来，随着互联网的快速发展，网约车逐渐成为人们出行的重要选择之一。相比传统出租车，网约车更加便捷、经济，受到了广大乘客的喜爱。在享受便利的同时，网约车安全问题也备受人们关注。

未成年女孩对陌生环境和人群的警觉性和防范能力可能尚显不足，容易对突如其来的邀请产生盲目信任，这为不怀好意的人提供了可乘之机。家长和监护人需要加强对孩子们的安全教育，培养她们对陌生人的警觉。

**不要透露自己的个人信息。**乘坐网约车时，切勿向司机透露个人详细信息。不管司机提出何种问题或者如何与我们聊天、搭讪，都不要一股脑儿地将自己的信息就这么给说出来了！要知道，无心之言可能被他人利用，从而为自己带来困扰。面对此类情况，应以敷衍的态度转移话题，让对方无法继续发问，这是一种有效的解决策略。例如，可以礼貌地告诉司机："您还是好好开车吧！就不用操心我了哈！"通过这种方式，可以在保持尊重的同时，明确界限，确保个人信息的安全。

**多留意司机的行驶路线。**乘坐网约车时，女孩们应密切关注司机所行驶的路线。特别是在夜间出行时，更需保持警觉，以防不测。为确保安全，我们应开启手机导航，实时监控行车路径。一旦发现路线异常，如司机有意或无意地驶向偏僻区域，我们应立即采取措施，迅速通过手机向亲友发送消息，并报警求助。在与司机沟通下车要求时，若遭到拒绝，应保持镇定，避免显露出自己已察觉异常的迹象，同时继续通过手机与外界保持联系，如发送定位信息，以便亲友或警方能够及时确定位置并提供帮助。

**在车上可以假装和家人打电话。**我们在乘坐网约车的时候，为提高安全性，可以假装和自己的家人打电话。我们可以说："爸！我还有几分钟就到×××地方了，你来接我哈！你现在先去那里等我，我一会儿就到了。"或是"我马上就要到了，就是×××地方，我发定位给你，你赶紧过来接我，限时5分钟！"

总之，我们在乘坐网约车、出租车时，要时刻保持警惕，对司机的意图和行为保持怀疑的态度。毕竟，我们难以仅凭外表判断一个人的善恶。在享受网约车带来的便利时，提高安全意识是至关重要的。

## 青春加油站

### 女孩乘坐网约车的10条注意事项

**① 选择正规平台**

使用合法正规的网约车软件，并核实司机和车辆信息，确保它们与平台上的信息一致。

**② 成人陪同**

如果可能，尽量让家人或长辈陪同乘车。如果独自乘车，应确保有人知道你的行程安排，并实时分享位置信息。

**③ 注意座位选择**

避免坐在副驾驶位置，后排座位相对更安全。许多车辆在副驾驶位置都标明了12岁以下儿童不宜乘坐的提示。

**④ 减少分心**

尽量不要在车上沉迷于手机，而应保持警觉，通过手机导航关注车辆行驶路线，确保司机没有偏离预定路线。

5. **做好个人防护**

   全程佩戴口罩，保持手部卫生，携带免洗手消毒剂，并在下车后及时进行手部消毒。

6. **避免现金交易**

   采用电子支付方式，以便留下交易记录。

7. **避免夜间单独乘车**

   深夜出行时尽量结伴，或选择更安全的交通方式。

8. **保持车窗打开**

   夜间乘车时，打开一部分车窗，以便于必要时呼救。

9. **自卫准备**

   了解一些基本的自卫技巧，如携带尖叫报警器、防狼喷雾等防身工具。

10. **了解紧急求助方式**

    了解如何在紧急情况下快速求助，比如使用网约车平台的紧急求助功能。

## 48 正确应对陌生人的搭讪

一个周末,小玲和几个好友在游乐园度过了愉快的一天。当夕阳西下,她们决定乘坐公交车返回家中。车厢内,小玲注意到一名陌生男子不时地盯着她看,这让她感到十分不安。

当公交车缓缓驶入站点,小玲和朋友们准备下车。然而,就在她们走在回家的路上时,那名男子突然从后面追了上来,挡住了她们的去路。

"你们好,我叫李强,可以告诉我你们的联系方式吗?"男子带着一丝恳求的语气问道。

小玲一时感到困惑,她礼貌地回应:"我们并不认识,我认为没有必要交换联系方式。"

"如果你给我联系方式,你就会明白的。"男子依然不放弃。

这时,小玲的朋友们意识到情况不对,立刻站出来支持她:"你这样真的很烦人,我们并不认识你。如果你再这样纠缠不休,我们就要报警了。这里这么多人,你逃不掉的。"

尽管如此,男子似乎并不把她们的话放在心上,仍然固执地对小玲说:"那我只要你的联系方式,其他的都不重要。"

面对这种局面,小玲感到无措,但她并没有屈服于男子的纠缠。最终,在忍无可忍之下,小玲鼓起勇气大声斥责:"你这个人太烦了,我不想再看到你,请立刻离开!"

在小玲坚定的态度下,那名男子终于意识到自己的行为不当,悻悻地离开了。

## 成长指南

除了学校和家里,女孩们免不了要与社会上的各类人群接触,其间可能会遇到陌生人的搭讪。尽管不是每一个人都有恶意,但为了女孩们的人身安全,保持必要的警惕是非常重要的。以下是一些关键的安全提示,旨在帮助青春期女孩提高安全意识。

**限制与社会人士的非必要交流。** 人们通常不会无缘无故地对陌生人进行骚扰。因此,建议女孩在与社会人士交往时,尽量减少不必要的闲聊。这样做可以降低他们对你的了解,从而降低他们随意介入你生活的可能性。有些女孩可能喜欢结交朋友,但过度的交流可能会让对方误解你们的关系,从而试图介入你的生活,这可能会带来很多困扰。

**保护个人联系信息不被泄露。** 在数字时代,很多女孩都拥有手机,这可能成为社会人士骚扰她们的途径,频繁的电话和短信可能会严重影响女孩的正常学习和生活。所以,不要随意透露个人敏感信息,如家庭住址、学校班级以及个人的日常生活安排。一旦这些信息被泄露,就可能成为他人骚扰你的手段。女孩应谨慎分享自己的联系方式,包括电话号码、社交媒体账号等,以防止未来可能的骚扰。

总之,女孩们,当你们外出时,如果遇到陌生人,即便他们表现得很友好,也不要轻易地与他们交流或表现出热情。如果对方提出各种理由试图带你离开,一定要保持警惕,不要轻易相信。在必要时,不要犹豫,向朋友或警察寻求帮助。记住,保证自己的安全永远是最重要的。

## 👍 青春加油站

### 如何巧妙拒绝陌生人的搭讪和邀约

❶ **如果对方想请你喝奶茶、喝咖啡**

你可以微笑且坚定地说:"不用了,谢谢,我对奶制品过敏。"或者:"不用了,我不想喝,谢谢。"

如果对方继续纠缠,你可以说:"我爸爸还在那边等我。"或者:"不好意思,我想一个人待着,不想被打扰。"

❷ **如果对方想请你吃饭,或者看电影、游玩**

你可以说:"谢谢你的邀请,但我并不打算和陌生人约会。"或者:"对不起,我和朋友有约了。"

如果对方继续纠缠,你可以借口去洗手间或者打电话离开。

❸ **如果对方送你礼物,坚决不能收**

你可以说:"谢谢你的心意,我从不随便收礼物,这是我的原则。"

如果对方继续纠缠,你可以说:"对不起,我还有事,赶时间,要走了。"

# 第九章

## 学海扬帆：为梦想插上翅膀

第九章
学海扬帆：为梦想插上翅膀

## 49 学习学习，每天都要学习烦透了

雨薇，一个聪明可爱的小女孩，拥有着令人羡慕的成绩单。然而，自从她升入初二，一切都变了。她的成绩开始下滑，从班级的佼佼者变成了中下游的学生。面对母亲的批评，雨薇的反应很是冷漠，甚至有时会出言顶撞。

在学习上，雨薇显得越来越消极，遇到难题时，她不再像以前那样积极思考，也不愿意向他人求助，她似乎失去了前进的动力。

与此同时，她发现了自己的新兴趣——唱歌和跳舞。她加入了一个歌舞训练班，并且深深爱上了这个全新的世界。她认为，这才是她真正热爱的。

面对学业的压力，雨薇显得有些不屑一顾。她总是戴着耳机，沉浸在音乐和舞蹈中，甚至在深夜偷偷起床观看歌舞比赛。她的学习成绩因此受到了严重影响。父母看在眼里，急在心上，他们经常批评雨薇："你是个学生，学习最重要，为什么把精力全都放在唱歌跳舞上呢？"

雨薇心里有些不服气，她嘟囔着："如果考试考唱歌就好了……"但她也知道，现实并非如此。

### 🌱 成长指南

青春期的少女们有时会感到沮丧，她们可能会抱怨："每天除了学习还是学习，真是烦透了！"这种情绪是青春期少女产生厌学情绪的明

显信号。心理学上，厌学情绪被定义为学生对学习活动持有消极态度，这通常表现为对学习的认识偏差、情感上的消极以及行为上的逃避。

要有效应对女孩们的厌学情绪，可以从以下几个方面寻找原因，并找到对应的解决办法：

**缺乏自我认知**

部分学生虽学习刻苦，但成绩不佳，常常感到自卑，看不到希望，内心想要放弃。当孩子整天埋头做自己不擅长的事情，反复得到不好的结果，反复被批评、被贬低，她自然就会觉得没信心，而且也没有心思去思考自己的优势到底是什么。

应对策略：家长应帮助孩子发现并发挥其潜能。鼓励孩子发展自己的兴趣爱好，因为兴趣往往是优势与潜能的体现。只有当孩子感受到自己的行为有价值并取得成果时，才能产生自主学习的动力。

**目标不明确**

要说学习的真正目的是什么，大部分青春期的孩子都是迷茫的。有的孩子因为想不清楚，再加上受一些言论的影响，比如读书无用论，她可能就厌学了。

应对策略：设定目标谈话。家长要跟孩子谈谈人生目标。青春期的孩子已经不只是考虑今天的作业是什么，下个月考试考什么了，她们会思考我这一辈子要活成什么样。她们决定了过怎样的一生，才能够按照那个方向去一步一步努力。家长可以就这个问题多跟她们聊一聊，帮她们明确目标，进行自我定位，给她们一幅似乎能看得见的蓝图，唤起她们的学习动力。

**情绪不稳定**

有的孩子对排名成绩、对别人的看法看得太重，导致每次考试之前特别焦虑，影响发挥，影响学习热情。有的孩子因为早恋，在恋爱当中受到伤害，经历了一段失败的感情，那么这对孩子的影响也会特别大，她可能就会产生厌学情绪。

应对策略：情绪支持。家长多用真诚关怀、宽容体谅的态度跟她沟通，理解她的感受，也可以讲讲自己的情感经历、挫折经历，鼓励她看到自身的优秀，帮她走出困境。另外，也要慢慢教孩子学会自己调节情绪，告诉她成败得失、情绪起落，都是人之常情，要学会理性面对。如果孩子厌学情绪非常严重，家长很难引导的话，可以求助心理咨询机构，请专业的心理咨询师进行引导干预。

**家长高压**

很多家长对孩子期望过高，对孩子的评价方式单一，只重结果，不重过程，让孩子压力太大。孩子觉得自己在为家长学，如果达不到家长的标准，就会被批评、训斥，于是产生了挫败感，最终厌学。

应对策略：多点儿鼓励，少点儿期望。家长可以分析一下，自己有没有过度焦虑，比如自己的工作状态怎么样？如果家长自己非常焦虑，可能会把这种情绪传递给孩子，那么家长要从自己做起，把用来担忧的心思，花在解决具体的问题上，花在选择更适合自己的路线上，那也就能让孩子和其他家庭成员减压了。

## 青春加油站

### 常见的10种厌学表现

**1 情绪波动**

孩子情绪不稳定，易怒或抑郁，对学校生活缺乏兴趣。

❷ **成绩下降**

学习成绩明显下滑，对学习缺乏动力和积极性。

❸ **社交退缩**

与同学和老师的关系疏远，不愿意参与集体活动。

❹ **违纪行为**

可能出现逃课、迟到、早退等违纪行为，甚至可能涉及违法违规行为。

❺ **身体症状**

可能会出现头痛、头晕、失眠、腹痛、胸痛、乏力，甚至心慌、恶心和呕吐等身体不适症状。

❻ **注意力不集中**

在课堂上容易分心，难以专注于学习内容。

❼ **自我价值感下降**

可能对自己的能力产生怀疑，感到自卑或不被理解。

❽ **对未来缺乏规划**

对未来缺乏明确的规划和目标，感到迷茫。

❾ **对家庭和学校环境不满**

可能对家庭或学校环境感到不满，认为这些环境限制了她们的自由和发展。

❿ **沉迷网络或游戏**

可能会过度依赖网络或电子游戏来逃避现实问题。

# 第九章
## 学海扬帆：为梦想插上翅膀

## 50 学习到底是为了谁

莉莉是名成绩中等的学生，她的考试成绩总是在及格线和优秀之间波动。这一次，她终于突破了自己，考试成绩超过了80分。放学回家的路上，莉莉心情格外愉快："这次我肯定能让妈妈感到骄傲了，她总是抱怨我让她丢了面子。每次我回家，她和邻居阿姨们打牌时，都会说我不争气，这让我感到很不舒服。这次我考得这么好，我一定要让她给我买那套我梦寐以求的名牌衣服，我要让她知道我也能给她争光。"

"莉莉，你这样想是不对的。"她的朋友萌萌说道，"我们学习并不是为了父母。"

"那我们学习是为了什么？我们考得好，他们才会有面子啊！"莉莉有些困惑。

"莉莉，我们学习、考大学，最终都是为了我们自己的未来。父母总有一天会离开我们，他们对我们严格，是因为爱我们，希望我们能有更好的生活。"

"但是，为什么我妈妈会那样说我，说我让她丢尽了脸面？"莉莉不解地问。

"那是她一时的气话，没有父母不爱自己的孩子。"萌萌耐心解释。

"原来是这样，那我以后要更加努力学习，不辜负妈妈的期望。"莉莉恍然大悟。

"嗯，这就对了嘛。"

## 成长指南

在一些孩子的心中，上学和读书似乎只是为了满足父母的期望，或是家人的需要。这种心态需要得到适当的引导和调整，要帮助孩子们认识到，她们每天努力学习，并非为了老师、父母，实际是为了自己。

**多学习知识，为将来打基础**。正如俗语所说："活到老，学到老。"在当今社会，终身学习已成为一种趋势。没有足够的知识储备，孩子们将难以掌握更深层次的知识。因此，孩子们应该珍惜学习的机会，更加努力地去探索知识的海洋。通过学习，孩子们可以逐步积累知识，为将来的职业发展奠定基础。一棵生长一年的小树，只能用来当柴烧；生长十年的树可以做盖房的檩条；生长二十年的树用处就大了，可以做梁，可以做柱子，可以做家具……随着时间的推移，它的价值和用途也会随之增多。

父母在引导孩子时，建议用简单、实际的话语来谈论学习动机，让孩子们更容易理解学习的意义。同时，鼓励孩子们为自己的理想或兴趣而学习，这将使她们的学习过程充满动力和乐趣。

**努力学习，拥有更多选择机会**。此外，通过努力学习，孩子们将有更多的机会选择自己喜欢且有意义的工作，从而实现个人价值，收获更多的成就感和幸福感。

**为自己的理想或者兴趣而学习**。父母和老师应该让孩子们明白，学习是为了她们自己，而不是为了取悦他人。尽管父母和老师可能会因为关心孩子的未来而显得有些焦急，但他们的本意是为了孩子好。

作为孩子，即便我们在学习上感到有压力，我们也应该永远保持嘴角上扬，并给予自己积极的暗示：我很快乐、我很坚强、我可以微笑面对所有挑战。

## 青春加油站

### 做好这 4 点，让青春期女孩明确学习目标

**❶ 看看优秀同龄人是如何学习的**

深入探究不同国家和文化中的同龄人如何进行学习，通过观察和思考他们的学习习惯和心态，孩子们可以发现适合自己的学习策略，并制订切实可行的学习计划。

**❷ 从名人传记中汲取成长的力量**

伟人的生平故事蕴含着丰富的鼓舞人心和启发思考的元素。青春期的女孩们通过阅读这些故事，能够获得灵感，学习他们面对挑战时所展现的坚定和勇敢。

**❸ 每日一句智慧箴言**

箴言是精练的智慧，简洁而富有影响力。如果每天都能吸收一句箴言，将有助于她们在日常生活中自我激励，维持一种乐观进取的心态。

**❹ 定制个人成长格言**

一条精心挑选或自创的座右铭可以作为个人行动的准则。女孩们若能定制一条体现自己学习理念和追求目标的格言，将有助于时刻自我提醒，持续努力，成为同龄人中的佼佼者。

## 51 总是记不住知识点怎么办

茉莉自从升入初中后，在学习上遇到了前所未有的挑战。她曾经能够轻松背诵英语课文，但现在即便是每天花大量时间记忆英文单词，效果也不如人意。为了克服这一难题，她决定向一位成绩优异的学姐求助。

这位学姐是学校上一届文科第一名，她向茉莉介绍了自己的学习方法——目录记忆法和闭目回想法。目录记忆法的核心在于，不急于直接背诵具体内容，而是先从宏观上把握整本书的结构。首先要牢记大的章节目录，然后再逐步深入各个小节的标题。这样做的好处是，能够帮助我们建立起对整本书的体系化认识，理解各章节之间的联系，从而加深对整本书内容的理解。在这个过程中，我们往往能够获得新的洞见，这是单纯背诵内容所无法达到的。

闭目回想法是学姐的另一个记忆技巧。她会先闭上眼睛，尝试在脑海中重现书本上某一页的布局和内容。通过这种方式，她能够自行填充和回忆出具体的细节。如果在回想过程中遇到记忆模糊的地方，她会立刻翻开书本，仔细地复习那个部分，然后再继续闭目回忆。这种方法有效地加强了记忆的深度和持久性。

茉莉深受启发，决定尝试学姐的方法。她开始用目录记忆法来构建知识框架，同时在每天的学习结束后，用闭目回想法来巩固记忆。几周后，茉莉发现自己的记忆力有了显著的提升，她不仅能够更快地记住英文单词，对其他学科的知识点也有了更深刻的理解。

通过这次经历，茉莉认识到，学习方法的选择对于提高学习效率至关重要。她学会了根据自己的特点和需求，灵活运用不同的学习技巧，这让她在学习上更加自信和从容。

## 成长指南

青春期的女孩们在学习上面临着新的挑战。随着科目数量的增加和知识点的扩展，她们可能会感到记忆力不如从前，甚至出现健忘的现象。早上努力记忆的英文单词，却在课堂开始不久就迅速从记忆中消失了。

在小学时期，背诵课文对她们来说是一件迅速而轻松的事情。然而，随着进入初中，同样的任务变得异常艰难，一篇文章的背诵需要耗费长达两三天的时间。她们中的一些人开始质疑自己的能力，感到困惑和沮丧，因为现在记忆新信息的速度明显变慢，而遗忘的速度却在加快。

记忆力减退是一个令人不安的现象，会对生活造成负面影响。造成记忆力减退的因素有很多，了解这些因素有助于避免记忆力减退，提高学习效率。

**注意力不足**。青春期的孩子常常难以长时间集中注意力。她们的思绪容易飘忽不定，对周围环境的干扰更加敏感。为了改善这一点，家长和老师可以通过创造一个安静且有组织的学习环境，帮助孩子减少干扰，提高注意力集中度。

**睡眠不足**。睡眠对巩固记忆至关重要。如果孩子经常熬夜或睡眠时间不足，她们的大脑就无法有效地整理和存储白天学到的信息。家长应该鼓励孩子养成规律的作息习惯，保证充足的睡眠。

**饮食不合理**。均衡的饮食对大脑健康至关重要。青春期女孩正是长身体的时候，需要摄入足够的蛋白质、健康脂肪以及各种维生素和矿物质，以支持大脑运转。家长应确保孩子的饮食中包含足够的营养，避免过多的加工食品和高糖食品。

**缺少锻炼。**身体活动能够促进血液循环，增加大脑的氧气供应，从而提高认知功能和记忆力。家长应鼓励孩子参与体育活动或日常锻炼，以增强体质和记忆力。

**学习方法不当。**如果孩子在学习过程中只依赖死记硬背，而忽视了对知识的深入理解和应用，这可能会影响她们的长时记忆。家长们要注意引导孩子采用更有效的学习方法，如主动学习、批判性思维和创造性思考。

## 青春加油站

### 有效地提升记忆力的 7 个方法

**① 兴趣学习法**

兴趣是最好的老师。如果孩子对某个主题或学科感兴趣，她们将更容易投入时间和精力去学习。家长可以通过发现和培养孩子的兴趣点，激发她们的学习热情。

**② 目录记忆法**

单纯的死记硬背往往效果不佳，家长应鼓励孩子借鉴茉莉的学姐采用的目录记忆法，先理解知识点的内在逻辑，然后再进行记忆，如此记忆将更加深刻和持久。

**③ 闭目回想法**

要真正将某项知识记牢，就要经常性地尝试回想、不断地回忆。这一过程要达到的目的是，使记忆错误得到纠正、遗漏得到弥补，对学习内容记得更牢。

**④ 及时复习**

学习新知识后，及时复习是巩固记忆的关键。家长应帮助孩子制订复习计划，确保新学的知识得到及时巩固。

**⑤ 多感官学习**

利用视觉、听觉等多种感官进行学习可以提高记忆效果。家长可以引导孩子通过阅读、观看教育视频、听讲座等多种方式来学习。

**⑥ 把握最佳记忆时段**

一天中某些时段大脑的工作效率更高，如上午9~11点，下午3~4点，晚上7~9点。家长可以指导孩子在这些时段进行重点学习，同时注意避免过度用脑。

**⑦ 使用记忆工具**

记忆卡片、思维导图、图表等工具可以帮助孩子更有效地组织和记忆信息。家长可以教授孩子如何利用这些工具来辅助学习。

## 52 又考砸了怎么办

关悦是一个勤奋好学的女生，可令她自己甚至是老师苦恼的是：每逢考试，她就会紧张不安，无法展现出自己真正的实力，导致考试成绩总是不尽如人意。这种状态让她感到焦虑和自责，觉得自己辜负了老师和父母的期望，也失去了学习的动力。

有一次，关悦和同桌倾诉了自己的烦恼："我马上就要上初中三年级了，可成绩总是不理想。记得刚进班时，我的成绩还算不错，但自从那次地理考试我没怎么准备，成绩一落千丈后，我就对学习失去了兴趣。期中考试时，我的名字竟然出现在六百名之后，到了初二上学期，更是下滑到了七百多名。尽管家长和老师给了我很多鼓励和指导，我也渴望能够取得好成绩，但每当我面对书本时，总是感到烦躁，难以继续学习。在家长面前，我还会假装学习一会儿，但一旦独处，我就会分心去听歌或者看闲书。面对即将到来的中考，我感到前所未有的压力。现在，我的成绩已经下滑到了八百多名，而我们年级总共才有一千零几十人。

"我内心真的渴望能够学好，却不知道从何下手。物理对我来说太难了，今年暑假我打算去补习，但心里还是没底；数学本来是我的强项，但考试时总是发挥不出来；其他科目也不理想，特别是历史，我只考了二十多分。每当我想到这些，就感到无比沮丧，学习对我来说已经变得毫无乐趣。但我确实不想失败，我渴望能够取得好成绩，进入理想的高中。但是，我设定的目标总是无法实现，连续三次都没能进入前七百名。我真的很羡慕你这样成绩优异的同学。我到底该怎么办呢?"

## 成长指南

考试焦虑在青少年群体中较为常见,主要表现为紧张、忧虑、不安和烦躁等负面情绪。青春期的女孩通常具有竞争心理,倾向于追求胜利和超越他人。面对考试,她们的反应与成年人面对重大挑战时的紧张情绪相似。

适度的紧张感可以为女孩们提供必要的压力,刺激她们的神经系统,提高她们的兴奋水平,帮助她们以更佳的状态迎接挑战。但是,如果这种压力超出了她们的承受能力,并且父母在应对上处理不当,就很容易导致女孩们出现考前焦虑的现象。

要缓解孩子们的考试焦虑,家长需先理解其焦虑的原因。通常,青春期孩子考前压力大、焦虑的原因主要包括:

**对考试的过分重视。**一些基础较弱、学习较为吃力的学生,可能由于学习方法不当,对考试抱有过分的担忧,害怕考试失败后无法向父母、老师交代,担心在同学面前丢脸,甚至怀疑考试结果会决定自己的命运。这种过度的担忧会转化为心理压力,当压力超出了承受能力时,便可能导致紧张和焦虑。

**对失败的恐惧。**即便是学习成绩较好的学生,也可能因为想要保持优势地位而产生焦虑。她们害怕失去原有的名次,心理上可能会感到自责、自卑和不满,背上沉重的精神负担。考试时,这些学生可能会不由自主地担心再次失败,从而产生焦虑情绪。

**外界期望的压力。**老师和家长对考试成绩的高期望,也是造成学生心理压力的一个重要原因。一些学生害怕考试出错，甚至将考场纪律视为一种精神压力。在考试过程中，她们可能在思考问题的同时，不自觉地担心自己是否违反了考场规则，甚至形成心理障碍。

**缺乏充分休息**。部分学生为了准备考试而过度复习，导致睡眠不足。如果再不注意营养和休息，身体和大脑所需的能量得不到及时补充，就可能陷入焦虑状态。

## 青春加油站

### 考前焦虑如何缓解

**❶ 正确认识考试**

将考试视为检验学习成果的一种方式，而不是评价自我价值的唯一标准。

**❷ 积极地自我暗示**

与自己进行积极的自我对话，可以增强自信，减轻考前的紧张情绪。这种方法能够激发内在力量，以更积极的心态面对考试。

**❸ 转移注意力**

感到焦虑时，进行一些体育运动或自己感兴趣的活动，如听轻松的音乐等，可以有效转移注意力，从而缓解紧张情绪。

**❹ 呼吸调节**

当感到焦虑时，深吸气、慢慢吐气，重复几次，可以帮助放松身心，减轻紧张感。

**⑤ 合理安排时间**

养成规律的作息习惯，保证足够的休息和睡眠，避免过度疲劳。

**⑥ 药物治疗**

对于考前焦虑症状特别严重的孩子，如出现心慌、手抖、大量出汗等情况，可以在医生的指导下，适当使用抗焦虑药物，帮助控制症状。

## 53 我就是不想上这位老师的课

在众多学科中，珊珊的物理成绩一直不尽如人意。这并非因为她对物理缺乏兴趣，而是由于她不太喜欢物理老师。原来的物理老师教学方式新颖，很受学生们欢迎，但是后来被调走了；新来的物理老师虽然能力很强，但比较严肃，整天板着脸。

在一次课堂上，老师提问时珊珊未能回答出来，老师便罚她抄写相关内容20遍。珊珊上交抄写作业后，物理老师却认为她抄写不认真，字迹过于潦草敷衍，因此又罚她再抄写20遍。这使得珊珊感到老师似乎在故意为难她。她向老师提出了抗议，但老师回应说，如果不想上他的课，可以向班主任申请。于是，珊珊在放学后找到了班主任。

这是珊珊在学习生涯中首次向老师提出控诉。在班主任的办公室里，她情绪激动地诉说了自己的想法，认为抄写笔记是浪费时间、不利于学习的行为，并表达了对物理老师做法的不满，觉得自己受到了侮辱。她坚定地表示，不想再上这位老师的物理课。

班主任并未立即作出回应，而是让珊珊先认真思考自己的决定。最终，尽管珊珊仍继续上物理课，但物理老师再也没有罚她抄写笔记。

### 成长指南

学生时期，我们不可避免地会遇到一些我们特别喜欢的老师，同样也会遇到我们不那么喜欢的老师。对老师的喜好可能源自多种因素，而对老师的反感有时却仅需一个理由。孩子有时会因为不喜欢某位老师而连带排斥他所教授的课程。就像故事中的珊珊一样，因为不喜欢物理老师，导致对物理学科失去兴趣，成绩自然不会理想。

如果不喜欢一位老师，最好的方法是学好这位老师教的这门课程。对于一个学生来说，学好感兴趣的科目是很正常的，但是能学好讨厌的科目则非常令人佩服。

事实上，尽管有的老师"令人讨厌"，但他们并不像我们想象的那么坏。也许他们很啰唆，也许他们说话不好听，但是作为学生，我们应专注于自己的学业，而非过度纠结于老师的个性自己是否喜欢。

同时，我们应该珍惜那些愿意花时间与我们深入交流的老师。在求学阶段，他们是负责我们学习的人，值得我们的尊重。如果有一天他们停止与我们交流，可能意味着他们已经不再关注我们，这将是一种损失。就像我们小时候可能觉得母亲的唠叨很烦人，但当我们离家上大学，听不到这些唠叨时，反而会感到不适，开始怀念母亲的关心。

有些老师虽然表面上看似让人讨厌，但我们能够感受到他们的善意。如果我们能换位思考，就能理解他们的良苦用心。他们之所以严格要求我们，是因为他们对我们负责，对我们的未来充满期待。因此，我们应该尊重所有老师对我们的努力和付出。

## 青春加油站

### 孩子不喜欢某位老师而偏科怎么办

**1 理解孩子的感受**

与孩子进行深入的沟通，了解孩子不喜欢老师的具体原因。这有助于找到问题的根源，并针对性地解决问题。

② **引导孩子发现老师的闪光点**

家长可以和孩子一起探讨老师的优点，比如教学能力、专业知识、对学生的关心等。通过这种方式，帮助孩子全面地看待老师，而不仅仅是关注其不足之处。

③ **培养学科兴趣**

对于孩子缺乏兴趣的科目，家长可以通过提供科普读物、观看相关纪录片、做科学实验等方式，激发孩子的好奇心和探索欲。例如，对于不喜欢物理的孩子，可以让她们阅读关于宇宙和物理学的科普书籍，了解科学的魅力。

④ **利用榜样的力量**

通过讲述科学家的故事或名人传记，展示这些人物如何克服困难，取得成就，从而激发孩子对学科的兴趣。

⑤ **设定目标和奖励**

与孩子共同制订具体的学习目标，并为实现这些目标设立有吸引力的奖励机制，帮助她们体验达成目标的成就感和满足感，逐步培养自我驱动的学习习惯。

## 54 女孩如何学好理科科目

进入中学,不少女孩发现自己的学业成绩似乎陷入了停滞,甚至出现了下滑,而这背后的一个重要因素,是被物理、化学等理科科目所困扰。

在有些家庭中,依然根深蒂固地存在着一种刻板印象:女孩更适合文科,而男孩则在理科方面更有优势。这种观念往往导致人们认为女孩在理科上的不足是理所当然的。然而,实际情况并非如此。女孩理科成绩不佳往往与她们内心的畏惧密切相关,而这种畏惧很大程度上受到了家长的影响。

许多家长在女孩初次接触理科时,可能会这样鼓励她们:"理科虽然难,但你还是要努力学习,毕竟'学好数理化,走遍天下都不怕'。"

虽然家长希望女孩学好理科的初衷是积极的,但这种鼓励方式却无意中传递了一个负面信息:理科非常重要,同时也很难。这样的心理暗示可能会让女孩在还未开始学习之前,就已经感到害怕和退缩。

我们都知道,无论面对何种挑战,如果在一开始就感到恐惧,缺乏信心,那么成功的可能性就会大打折扣。同样,如果女孩在接触物理、化学等理科科目时已经失去了信心,那么她们学好这些科目的难度将会大大增加。

所以,要想消除女孩这种消极的自我暗示,家长必须帮助她们建立自信心。那家长们应该如何帮助女孩呢?家长可以引导女孩们在生活中发现物理现象、化学现象,帮助她们在日常中感受到物理和化学的乐趣。要知道,无论学习哪一门学科,兴趣都是最好的老师,只要女孩对这门学科产生了兴趣,她就有信心把这门学科学好。

## 青春加油站

### 如何帮助女孩在物理、化学等理科科目中建立自信心

**① 正面鼓励**

家长和教师应当经常使用积极肯定的语言来鼓励女孩，关注她们的努力和进步，而不仅仅是成绩。强调她们在理科学习上的潜力和能力，帮助她们建立起自信和积极的态度。

**② 消除性别偏见**

家长和教师需要明确传达一个信息：理科学习并不受性别限制。通过教育和讨论，消除女孩心中可能存在的性别偏见，让她们相信，无论性别，每个人都有能力学好理科。

**③ 提供成功案例**

向女孩介绍在理科领域取得杰出成就的女性科学家，如玛丽·居里、芭芭拉·麦克林托克等，通过她们的故事来激励女孩，展示女性在科学领域的卓越贡献和无限可能。

**④ 逐步引导**

帮助女孩设计合理的学习计划，从简单到复杂，逐步引导女孩解决理科难题。在她们成功解决每个问题时给予认可，让她们在一步步的成功中积累自信。

**⑤ 鼓励实践操作**

在实验和实践活动中，让女孩通过动手操作来探索理科知识。实践不仅能帮助女孩加深对理论知识的理解，还能激发她们的好奇心和探索欲，使学习过程更加生动有趣。

**❻ 正面反馈**

定期与女孩进行交流,提供正面的反馈和建设性的建议。通过具体的例子指出她们的进步,庆祝女孩在理科学习上的每一次进步,让她们感受到自己的努力是被看见和赞赏的。